公狸《タヌキ》先生の行状秘話

Hoizumi Takeshi
保泉孟史

郁朋社

公狸先生の行状秘話／目次

公狸先生の行状秘話

とわり〈凡　例〉

読み物は、筆者、自称公狸先生が、卒寿の祝いに孫たちにせがまれて書き綴った、自叙伝のな夜話である。書かれている内容の九〇%は公狸先生がかかわった事実であると考えて頂い構である。

俺の事だなあと思い当たる筋の方は、笑って読み過ごして欲しい。

先生の戯言の部分は、その折公狸が誰憚ることなく感じたその物である。教育持論であり実論である。一緒に考えてみて欲しい。

狸先生」・「公狸」、の読み方は、ともに「タヌキ」と読んで欲しい。

し「公狸先生=彼は」、「公狸=俺は」と、置き換えて読んで頂くと、文章がより明らかになる。

名は、昭和の子供たちから、男子たちには、昭一・昭二・昭三・昭司・昭五、と番号振りを付け、たちには、昭和の昭に美称を送り、昭代・昭江・昭枝・昭子・昭美などと、仮名にしてある。

昭和の教師の生きてる素顔

田舎の小さな中学校長・公狸先生

平成五年三月十五日、略服姿の校長先生が、玄関前に立ってカラオケを背にマイクを片手に《帰って来いよぉ！　帰って来いよぉ！》と、大きな声で歌いながら卒業生を送っていた。

その歌声の主が、この稿の主「公狸校長」なのである。

公狸は、赴任二月《ふたつき》で「タヌキ」という綽名《あだな》を喜んで拝命した。国語の授業では、詩文などを暗唱させるのが得意だった。卒業文集の個個の頁を生徒自身にワープロで綴らせた。中学野球の指導はベテランで、県中体連野球部長も務めた大御所。

「勉強好きは、勝手に点を取って合格する。出来ない奴を、路頭に迷わせてはいけない」。叱って点を取らせ、合格させるのが教師の仕事だ。家出や登校拒否は、絶対にさせてはいけない。子供の身になって考えて遣れば、道は自ずから拓けるものだ。

番外　プロフィール …… 7

昭和7年、佐久間村大崩に生まれ、令和〇年、鋸南町大帷子に没す　現健在、92歳。

①公狸先生．新任のご挨拶 …… 9

昭和28年新任の挨拶をした。平成元年49歳の男性が、令和元年75歳の女性が、「中2の時に、先生の新任の挨拶を聴いたよ。格好良かったよ」と、語ってくれた。

②公狸先生の綽名は「タヌキ＝公狸」 …… 14

新任二月《ふたつき》で、「狸＝タヌキ」という綽名を頂戴した。「公狸」と落款を彫って押しまくった。

③九十一歳、健康長寿の秘訣を語る …… 19

「健康長寿の秘訣は」と問われ、「自転車通勤」と、「ノックバット」だと、答えた。

秘話　番外　プロフィール

公狸先生の教職履歴には、趣のある秘話がある

即ち、この読み物は、公狸先生の教職四十年の生き様を綴った「夜話」である。
そして、この物語は、公狸先生の手慰みの「偽小説」のような「自叙伝」である。
それでいて、公狸の「教育持論」であり「教育実践秘録」のようなものである。

公狸先生は、昭和二十八（１９５３）年四月一日、小さな町の中学校に新任教師として着任した。父が最寄りの洋服屋で仕立てて呉れた一万五千円の新品のスーツを着、銀ピカの自転車に乗って初出勤した。

広い校庭を取り囲む土手の桜に見守られながら、いがぐり坊主と、おかっぱ髪の中学生三百人を前にして、大きな声で新任の挨拶をした。以後、近隣の中学校数校に勤務を替え、平成五年（１９９３）三月三十一日「自分の生まれた自分の町の中学校長」で、四十年に及ぶ教師生活を終えた。

《春愁や四十年の職辞す日　孟史》

平成七年四月、町議選に立候補したら末席で当選した。3期12年間町議会議員を務めた。小学生に百人一首を教えながら『文ちゃんの百人一首』という子供向けの読物を出版した。教科書改善議員連盟に加わり『男女混合名簿が教育荒廃の元凶』という解説論文書を出版した。平成上皇退位の折には『天皇退位の難しさ』という解説冊子を著し、身近の方々にお配りした。今は、町公民館活動の一端として『見返り俳句塾』を立ち上げ、元教え子の俳人を主宰に招き、町内外の初老同好者を集め、句会を開き、その俳句を収める文芸機関誌『見返りの詩』の編集・出版などを、やっている。

一昨年の暮れ内閣賞勲局から電話が掛ってきた。趣旨は「明日貴方は、八十八歳米寿を迎えられるが、ご健在ですか」と、だった。昭和七年十二月二十四日から八十八年を経る誕生日の前日だった。

令和三年一月一日　天皇の印璽《いんじ》の捺された『瑞宝双光章』を戴いた。教育功労とか自治功労とか、とのこと。退職記念でしつらえた二十五万円の背広に勲章を提げ、終活写真を撮った。新卒の折の背広の仕立ては一万五千円、四十年後の退職時のそれは二十五万円、戦後の復興↓興隆を如実に物語ってくれている。

《孫ら寄り勲記掲ぐる梅日和　孟史》

秘話　① 公狸先生・新任のご挨拶

公狸には、こんな秘話がある

公狸の言葉遣いを評するなら、とにかく荒い。大声と罵声は、公狸のトレードマークだ。

だが、不思議なことに、改まった席で喋らせると、キラリと光る。と、いう話。


目映い夕日が、渚のホテルの大広間にさしかかっている。快いさざ波の音は、磯の香りを含んで畳の上に漂ってくる。副会長だというM昭一氏が立った。

「教頭先生は、僕が中学二年の時、僕達の中学校へ新卒で来られたよね。そして、

『俺は若い。君たちも若い。若さの競争をしよう』

と、詰襟でない背広姿で校庭の演壇に立ってはっきりと言われたのを、僕は覚えているよ」

と、大声で語り出した。宴席は一瞬水を打ったよう

当時の岩井中学校（富山町制施行50周年記念誌より転載）

に静かになった。

「エー、本当なの」

と、言う、懐疑的な呟きが聞こえる。

「本当かもよ。副会長さんは、隣の町の出身だもんね」

と、言う、肯定的なささやき声も聞こえる。

確かに喋った。そんなことを喋った。公狸は二十歳、聞いてくれた昭一少年は十三歳。確かに二人とも若かったはずだ。その若かった二人が、その日から三十三年の歳月を経て、中学生の彼の子供を中にして、方やPTA副会長として、方や教頭兼PTA事務長として、潮の香りの漂う海辺のホテルで再会し「挨拶したよね」と、大きな声で念を押してくれた。

その日は、公狸が教師としてスタートを切ってから、二十五年の歳月が過ぎた日だった。公狸は、教頭として赴任した新しい勤務の中学校で、PTAの歓送迎会に主客として出席した。型通りの送迎主客の挨拶の後、出入教師の一人ひとりに、PTA役員が分担で歓送迎の挨拶を述べる。転出の先生への言葉が終わり、転入教師への歓迎の辞として、副会長のM昭一氏の挨拶なのだ。

邂逅三十年、三昔も経った今、当時中学二年生の彼が、大學出たての新米教師の「熱弁一声」をちゃんと聞いていてくれたというのには、大きな驚きと、恥ずかしさと、感謝と、戸惑いとの入り混じったものが、公狸の胸の内に込み上げてきた。当時、彼は中学の二年生。公狸は、新任教師で一年生の担任。職業科の授業で、田畑での耕作作業で一緒に汗を流した。ただ、彼は弁論大会の学校代表の選手だった。その練習に係わったことはある。公狸に弁論などという高尚な知識はない。ご指導のS教頭先生に就いてストップウオッチを押すだけだったが。彼の雄弁は、郡市の弁論大会で優勝した。それにしても、挨拶をした4月1日からは、半年以上も経っているはずだ。その挨拶がそんなに気に入っていたのなら、その折話してくれたならどうだろう。その折にはおくびにも語らなかったのに。

彼は、このPTAの席で、今度来た新教頭先生は「俺の恩師なんだ」と、役員一同に誇らしげに語りたいらしかった。「俺は、こんな優秀な先生に教わったのだ」と言いたいらしかった。「俺は、今度の教頭とは、友達なのだ」とも言いたかったらしい。窓から射し込む夕日に頬を輝かせながら、両隣の女性役員らに誇らしげに公狸を紹介しまくってくれた。

公狸の第二の秘話が続く。これと全く同じ形で、もう一つ暴露話が続くのだからびっくりする。先のこぼれ話から年を経ること三十五年（公狸の新任挨拶から七十年近くも経っている）。近所に住む顔なじみの女性から、同じような述懐話を聞かされたのだから、二度吃驚だ。

この拙稿に取り組んでいるPCの前へ、初老の女性が二人顔を並べた。散歩の帰りに立ち寄ったと言う。昭代さんと昭江さん。

「町報に先生の叙勲のことが載っていたので見に来ました。見せて下さい」だった。そして、そのうちの一人M昭代が、突然言い出した。

「先生は新任の挨拶で『俺は若い。君たちも若い。若さの競争をしよう』ってさ、言ったでしょう。ちゃんと覚えているもん」と。

驚いた、驚かずにはいられなかった。過ぎた年を振り返れば、六十八年前の事になる。彼女は現在、公狸の近くに住んでいるので老人会などでちょくちょく顔を合わせてはいた。だが出身中学校が、この話題の中学校だとか、そこで、教師と生徒の関係にあったとかましてや、名前までは、はっきり思い当たらない。

「実は今から三十年ぐらい前に、M昭一君から同じようなことを聞かされたよ」

と、返す。

「そうそう、昭一君は同級生。女では、昭枝さんと昭美さんなんか」

「先生の話はさ、短じけぇーで分かりいいでさ、格好良かったもん」

辞する彼女らに茶を勧め、連れの昭江さんと愚妻を聞き手に回し、M昭代さんとの師弟二人の六十八年前の懐古談義は、止むを知らなかった。中でも、

「職員玄関の掃除当番で先生方の自転車を片付けるのが一番好きだった。先生の自転車は一番いいのだったから、校舎の裏を一回りしてから仕舞っていたぁさ。だって俺らん家には、自転車は一台しっか無いから、何時もは乗れねえったもん」

には、昭和の田舎の中学生の生き様と、粗末な中学校の姿を沸々と蘇えらせて戴けた。

公狸の戯言

校長先生が始業式の訓話を終えた後、新任教師を紹介してくれた。その年は、公狸一人が新しく赴任する教師だった。生徒の目が一斉に公狸の方へと向き直ったのを感じた。その時、親父の教えてくれた言葉が閃いた。「お前の前に立っているのは生徒だ。お前は先生だ。先生として、生徒に話したい言葉を、お前の言葉で話すのだ」。自分より五つも六つも年下の子供に向かって「よろしくお願いしますなどと言うのでは、先生の資格がない」と。朝礼台の二段目の階段を踏んだ時、真っ青に澄んだ青空が目に映った。そして、あの、文言が思い浮かんだ。

それにしても、あの日の公狸の一言が、中学生という青春第一歩の若者に強く響いていたとは、夢想だにしなかった。卒業後の昭一君の店の前はちょくちょく車で通っている。まして、昭代さんに至っては、公狸の近所へ嫁して来ていたのだ。公狸が区長の時には、班長で回覧板を配ってくれた。だが、その御寮が新卒で赴任した学校の生徒だったとは、思えなくても仕方がない。許して欲しい。

思えば、公狸も教師として随分いい加減なことを言ってきたはずだ。でも、心底からの蔑みの言葉は決して言っていない。諸君のいい加減な「言動」に対しては、厳しい言葉で対処した、と思う。が、それでも、諸君の心を、痛く突きさすものがあっただろう。許してくれ。

九十歳にしてあの世へも行けず、彷徨っている公狸先生に、引導代わりに許してたもれ。

秘話　②　公狸先生の綽名は「タヌキ＝公狸」

公狸には、こんな秘話がある。

教職、新任1ヶ月ほどで3年生の女生徒から「狸＝タヌキ」という綽名を頂戴した。漱石の校長と同じなので満足した。《公狸》という落款まで彫って押し遊んでやった。と、いう話。

漱石の松山中学校の先生方の綽名は、校長が狸、教頭が赤シャツ、野太鼓、うらなり、山嵐、と続いて、主人公が坊ちゃん先生。公狸は、最初に赴任した時の学校で『狸＝たぬき』という綽名を頂いた。漱石の校長と同じ綽名だったので、少なからず満足していた。「先生に成るからには、着任の挨拶が終わって、演壇を降りる時に綽名をつけてもらえないのは、ダメ先生だと心得ろ」

とは、大学ゼミの『ガンさん先生』の最後のご教授だった。

公狸先生が、自分に『狸＝たぬき』という綽名がついたと云うことを知ったのは、新任の年の二ヶ月ぐらい後だった。受け持ちの昭代には二つ歳上の姉がいる。昭代が夕飯を食べながら公狸先生のことを楽しそうに話を始めた。三年生の姉の昭江が、

「あんな狸＝タヌキがなんだ」

と、他愛のない団欒の席へ割り込んで来た。この時『狸＝たぬき』が公狸先生の綽名とし

て命名されたらしい。

夏休みが過ぎ運動会の練習が始まる頃には、『狸＝たぬき』は公狸先生の綽名ではなく、公狸の通称になっていった。学級通信に『狸放談』というコーナーも設けた。或る年には、入学式直後の保護者も含めての担任訓話で、黒板に『狸』と書いて自己紹介をした。

「中学校入学の事前知識で、先生の綽名と部活動の様子は知っておくものだ」

と、訓示もした。また『公狸』という小判印を作り、事ある毎に子供達のノートなどにも押してやった。

ある時、子どもの年賀状の返事に名前を書くのが面倒だから、その公狸という判を一つだけ押して投函した。そしたら、ある父兄に、

「あれは『先生の雅号』なのですか」

と、尋ねられたことがある。

「子ども達にもらった名前だから『公号』なのでしょうね」

と、答えながら二人で大笑いをした。

公狸先生が最初に転勤したのは、隣町の小さな中学校へだった。受持ちの女の子が2．3人で、先生の綽名は、

「古だぬき」

だよ、とご注進に来た。

「おかしいじゃねえか、お前たちは去年からこの学校にいる2年生だろ。俺は、この間からお前たちの学校へ来て、お前たちと付き合うようになったばかりだ。お前たちが『古ガキ』で、俺は『新タヌキ』だろう」

と、笑い転げた。

そして数年後、逆隣りの中学校へ転勤した。赴任してみたらやっぱり『タヌキ』と言う綽名が先回りしていた。新採から3校目・3回目の転任だ。その3校で同じ『狸＝たぬき』と云う綽名を拝命するのは名誉なことだ。坊ちゃんの校長の綽名も「タヌキ」だ。大河ドラマ「花の生涯」で家康のことを『狸爺』とも呼んでいる。公狸もひょっとすると、この中学校の校長に成れるかもしれないなと一瞬思った。落款の《公狸》と綽名の《公狸》は、学校内外を自由に飛び回っていた。とくに、漁師町の女将さんたちには「公狸先生」の風通しはすこぶる好かった。

定年退職を目前にした最後の勤務校は、若い時に《公狸》で勤めた懐かしい中学校だった。入学式の新入生同伴の保護者の中に、その頃の教え子の顔が何人も見えた。式が終

わって、保護者への挨拶に、

「公狸が帰って来ましたよ。親子で『公狸先生』に教われるのは幸せですな」

と、語ったら拍手が起こった。

校庭の草取り作業の日だった。３年生の女の子が、

「校長先生の綽名は狸だったんですね。母から聞きました」

と、笑いかけてきた。公狸校長も笑いながら、前述の前の学校での綽名話をしてやった。

浜通りのスナックのママさんの話である。

「校長先生の綽名は『たぬき』のようだけど、私たちは、昔から先生のことを『くっちゃめ先公』ッて言ってたよ」

と、打ち明けてくれた。

「校長先生は若い頃、隣の中学校で野球部の監督をしていらっしゃいましたね。うちの野球部との対抗試合の時、先生は自分のチームの選手に大声で怒鳴るばかりでなく、私たちの選手をも大声で野次りとばしたよね」

「あらぁくっちゃめみたいだ」と誰かが呟いたのをきっかけに、

「私たち女子応援軍は、隣の中学校の『くっちゃめ先公』って、憎らしがっていたのです」と、言うこと。

教員人生最初に受け持った昭代の姉の『あんな狸』と言った一言が、四十年間、三つの

中学校をまたいで『狸＝たぬき』と言う綽名で暴れ回らせてくれた。愛させてくれた。なんと、先生冥利に尽きる呼名であったろうか。母校大学のガンさん先生にも報告したい。漱石先生にも得意になりたい。自分の学校の子供からだけでなく、近隣の学校の子供から綽名を貰えたのは、日本で只ひとり『公狸先生』だけではなかろか、と。

公狸の戯言

公狸も物心ついてからの学生生活では、先生をすべて綽名で呼んだ。上級生から教わって。呼捨てのもあるがサン付けもある。だが、蔑みの意味では絶対に使わなかった。現場での同僚の先生方も、それぞれ立派な綽名を持っておられたようだ。ただ、それをご本人が蔑みの名と受けるか、親しみの名と受けるかで、その綽名が愛称となったり、蔑称となったりするものだ。管理職になると職名そのものが、綽名のようなものになる。校長さん教頭さんとかが、綽名的呼名なのである。「教頭さん、今度家へも寄ってくらっしぇよ」は、ＰＴＡ会長としての、家族への見栄と誇示なのである。

公狸先生とは、せっかく頂いた公狸の綽名だ。公狸が可愛く育てれば、その綽名は子供たちに愛される。大人たちにも敬まわれる。

秘話 ③ 九十一歳、健康長寿の秘訣を語る

公狸には、こんな秘話がある。

公狸先生に「九十歳　健康長寿の秘訣は」と、問い掛けたことがある。首を捻りながら「こんなことかなー」と、立てかけてあったノックバットを撫ぜながら、一気に喋った。と、いう話。

公狸の語る一つめの自慢話は、

「初任から十年間、片道6キロメートル往復12キロメートルを、自転車で通ったことが公狸の長寿の基礎体力を造った事だ」と、語り出す。

新任の着任学校の内示が新聞に発表された朝、親父が自転車を買ってやるからと自転車屋へ連れて行ってくれた。あれこれ相談して決めたのは、ピッカピカの富士自転車1万2千円だった。千円負けてもらって1万1千円、内千円を親父が払ってくれた。残りの1万円は、月々1千円の公狸払いの月賦だ。自転車を買ってやると云うから、ほんとに買って貰えるものだと思って付いて行ったのに、「これでは自分で買うんじゃないか」と、不満気に思う公狸ではあったが、真新しい自転車はさすがに乗り心地が良い。親父と並んで自転車屋を出たが、たちまち親父を数十メートルも置き去りにして、うららかな春の日を背に受けながら家路についた。

当時、高級の自転車と云っても、今のサイクリング級の自転車とは比べ物にならない。タイヤは太くて車体も頑丈だ。まして、変換ギアなど無いのだから、ペタルを漕ぐのには、かなりの運動量が必要だ。おまけに道路は非舗装路で洗濯板道とも呼ばれていたんだ。茶目好きの公狸はな、勤務帰りの夜の洗濯板県道で、自動車と行き交うのが楽しみだった。向こう側から、自動車らしきものの明りが近づくと、思いっきりペタルを踏む。公狸の自転車のライトが、ググっと明るくなるのが自分にもわかる。右前方から迫ってくる自動車のライトが、すぅっと下向きになる。その日の疲れも悩みも、一瞬にして消える。満天の星空を見上げながら愛車のハンドルを揺すった事が何度あったろうか。

今や、その道路は完璧に舗装され速度規制がやかましくなっている。公狸の追加記憶には、そこでスピード違反で捕まり、自転車1台分の罰金を取られたことも昔の話だと、付け加えて言っておこうか。

次の自慢話は、

「六十歳定年退職のその日まで、毎日5百本の野球のバット振りをした事だ」

と、手ぶり足ぶりよろしく喋り続けた。

公狸は、新任から退職までの四十年間、野球部の指導に携わってきた。県中学校野球部会長まで遣らせてもらった。公狸自身は、三角ベースボール出身だから野球技術の指導は誰からも受けていない。テレビは無いし、ラジオアナには解説者が無かった。メディアからの技術取得は全く出来ない。試合や練習の応援に来てくれるOBや地域の草野球選手とて、公狸と似たようなものだ。否、それ以下だ。新入部員には暗中模索の野球技術の強制伝授だ。失敗を一年ごとに確認し、次の年度の指導には改善していく。そんな中だったが、公狸は、外野手の育成を一週間で仕上げる秘法を編み出したのだ。

それは、毎日の守備練習で、60《メートル》級の大飛球を走りながら30回捕球させることだ。それには、捕れるか捕れないかの際どい落下点へ、弧を描きながらの大きなフライを50〜60本落としてやらなければならない。捕れそうな所へ捕り易い球を何本打ってやったとしても、その選手に向上はあり得ない。外野手の要員とは、補欠候補も含めるのだから毎年10人ぐらいはいる。ノッカーの打ち出すボールを遠目で見、走りながら落下点を予測し、指し出したグラブに上手にひっかける。30本捕球ノックに、このタイミング捕球を3本、打ってやらなければ、いっぱしの中学野球の選手には成長してくれない。60《メートル》先の落下点へフライを打ち上げ、落とす。それには、それなりの、腰の据え方と手首の返し、という企業秘密があることはあるけどな。

公狸の教員生活における部活指導とは「自分自身の体力と能力の維持・精進」ということであり、それに「中学生野球の技術指導とその育成」は付属していたのかも知れない。

『定年により退職する』という辞令を手にした、その日、公狸は、野球場で待っていた昭一や昭二や昭三らを相手に、難しい大飛球ノックを5百本ほど打ち放ってやった。彼らの誰もが、公狸の打つ意地悪な大きなフライに、喜んで突っ込んで捕球してくれたよ。

あの日、使ったノックバットは、今日も下駄箱の脇に立てかけてあるさ。

公狸の戯言

長寿健康の秘密はと問われ、己の来し方をじっくり考えてみることが出来た。自転車通勤とバット振りだと答えるしかなかった。

初任からの十年、往復12㌔を毎日自転車のペタルを踏むということは、ものすごい運動量だった。それに、遅刻をしないためのスピードが要求されるのだから、高度な全身運動だった。自転車での通勤や通学は、健康の維持・増進に最も安くて効果のある、体力の増進手段だ。自転車は、1㌔を4~5分で走れる。中学生は全員「自転車で通学させれば、日本の若者は皆んな強くなる」。

退職の日までノックバットを振ったのが、長寿の秘訣だとしゃべっているのは、野球部という過酷な部活指導を遣り続けたことが、自身の健康に役立ったと、言っているのだ。難問を抱える中学校の部活指導の場に「己の健康増進の場があった」と、力説したいのだ。

長寿の秘訣とは、日常茶飯の生活の中に、得易く存在しているものである。

昭和の教師の愉快な姿
「教える」悦び＝良く遊べ、賢く学べ

詩吟「桂林荘雑詠示諸生」を、あの男が教えてくれた時には驚いた。嬉しかった。涙が出るほど嬉しかった。あの授業が生きていたのかと。

中学の教科書で習った小品を探してくれとせがむ、初老のご婦人もいる。

読解授業で褒められた時、国語の教師になろうと決めたと云う女子大生。

俺は、廊下掃除の横綱だったとマイクを握った、小さな町の議員さん。

漁を休んで運動会を見に来た隣のお爺さんに、メダルを遣る中学生。

家の天井に龍の絵を描いて呉れとせがむ、修学旅行帰りの男の子。

どれもこれも、公狸の詰らぬ授業の教育効果だ。本当に有り難う。

④転勤先へ教育実習に来る女子大生 …… 25
元教え子に、教育実習の指導教官をと、転勤先の中学校へ追って来られた。

⑤教科書に載っていた「海の見えるホテル」 …… 30
「先生に教わった本、も一度読みたい」と、せがまれ、背筋に走るものを感じた。

⑥「桂林荘雑詠示諸生」を、朗吟する男 …… 34
宴席で詩吟をせがまれた。昔、残り暗唱をさせた男に詩文を教わり、朗唱できた。

⑦指を折って分数計算をする受験生 …… 39
受験指導の分数計算で、大根を3ッつに切って4／3を教え、受験させた。

⑧遊ばせ上手な公狸先生　よく遊べ・学べ …… 44
教育活動をゲーム化して展開した。思いがけなくも全校の廊下がピカピカに光った。

⑨運動会・大根足は動かない …… 48
縦割り3色の運動会を企画、力一杯に戦わせ大好評。一般町民からの観客も集まった。

⑩自主プラン修学旅行が教育テレビ番組になった …… 52
県教委からの要請で「僕と私の修学旅行」という、教育テレビ番組を作った。

秘話 ④ 転勤先へ教育実習に来る女子大生

元教え子の女子大生に教育実習の指導教官を受けて欲しいと、転勤先の中学校へ追いかけて来られた。喜んで、かつ、丁寧に、教育実習単位を取得させてやった。と、いう話。

公狸には、こんな秘話がある。

新緑の薫るような風が校長室の窓からそよと吹き込んでくる。一通の教育実習生の受入れ申請書が、テーブルの上に置いてある。その申請書には、○○女子大学長の職印が押してある。校長さんは、

「昨日、貴方は出張で不在だったが、本人がこの書類をもって訪ねて来た。いろいろ尋ねてみると、元、君の教え子だった○○女子大学の学生さんで、教育実習を貴方の指導で受けたいので、この学校を実習校に選んだということだ」

と、云うこと。

「学級配属は2年の国語のY先生にするが、教科(国語)指導を含めて責任指導教官を、教頭の貴方に遣ってもらう事にし「教育実習承諾書」を持たせたから」

と、云うことだった。

申請書にある学生の名前を見て驚いた。U昭代とある。6年前に前々任校で受け持った

優秀な生徒だ。だが、彼女は隣町の出身だから、地元のS小S中で過ごした。この学校には縁も所縁もないだろうに。この学校へは、足を踏入れたことすら無かったろうに。

その夜、帰宅した公狸は昭代に電話で教育実習についての真意を確認した。

高校を卒業後○○女子大学に進み、教員免許の取得を目指して履修してきた。そして、教育実習の履修校は、自分で探すのだと云われ、地元の母校の中学校へ白羽の矢を立てて見たが、親しく教わった先生方は、それぞれ他の学校へ転勤されてしまった。そんな矢先、

「先生（公狸）が隣市の中学校へ教頭として栄進した」

と、母が電話で教えてくれた。大学へ伺ったらそれでいいと、教育実習依頼の要望申請書を書いてくれた。

「昨日、先生の学校へ伺ったけど先生は留守だった。でも、優しい校長先生が快く承知してくれました。十月になったら教育実習に行くからよろしくお願いします」

と、電話の向こうでニコニコしながら頭を下げているのが、手に取るように見えた。

暦が代わって十月となり窓からの風もとみに涼しさを感ずる。すっかり衣替えを済ませた中学生の群れに交じって、スーツ姿の女子大生の昭代先生も出勤して来た。職員室に入り教育実習先生として出勤簿に捺印している。朝会の席で校長さんが実習生の紹介をする

と、誰ともなしに先生方の目は公狸の方に向けられた。さもありなん。たいていの場合、学生が選ぶ実習校は、学生自身の出身母校だ。なのに、この実習生昭代さんは、「母校」でなく「母教師」を追って実習校を選んでいる。

教育実習生と指導教官との打ち合わせのテーブルは、一別以来の六年間の空白時間を埋めるのには、あまりにも堅苦しい、他家の学校のテーブルだった。が、一歩廊下へ出れば、○○女子大学というネームバリューは、田舎の中学生を引き付けるには何の不足もない。一日にして、堂々たる新米先生の風格をもって、行き交う生徒たちに笑顔を見せていた。

彼女が、初めて授業をやった日の放課後だった。公狸の第一声は、

「あれは良かった。誰に教わったの」だった。

「はい、先生（公狸）に教わりました」

が、彼女の返事。彼女が語るところの凡そは、次のようである。

中学2年の時、今日と同じような文で先生に教わった。先生は、皆んなが読み終わったところで感想を発表させた。今日は27日だから女子の7番、と私を指した。私は、急に指されたのでどう答えれば良いのか分からないまま、なんだか答えた。先生はいつものように、私の席から斜めの列に次々に発表させた。私の答えのような人は誰もいなかった。そして先生は、「今の6人の発表で誰のが良かったと思う」と、全員に聞きました。「私の

が良いと思う」とは誰も発表してくれませんでした。その時、終業のチャイムが鳴りました。でも、先生は終わりませんでした。

「一番良い感想は、昭代のだ」と、私の発表を取り上げて「ここが良い」と、皆んなに説明してくれました。私は何だか不思議でした。で、その時から『本を本当に読む』のが好きになりました。『国語の先生になりたい』とも、思いました。

「今日の授業が不合格なら、先生も一緒に落第でしょう」

と、昭代教生は、あっけらかんに笑って答えた。


精練実習の指導案指導には、かなりの時間がかかった。指導担当のY先生がカップ麺にお湯を注いでくれた。指導案の展開欄のまとめで、裏流れを構図化してやった後だった。

昭代が頓狂な声を上げ、

「先生って1時間1時間に、こんな細かな指導計画を立てて授業やるんですか」

と、箸を止めた。公狸はラーメンを啜りながら話を始めた。

「職員室を出て階段をゆっくり上り、教室のドアを開ける迄の数分間で、今の指導案の原型のようなものは出来るもんだ。お前さんは3組だったろう。1組、2組と、2回同じ授業をやるから、3組は3回目だ。たとえば『桂林荘雑詠諸生に示す』と朗唱を120回聞いてみな、誰だって覚えてしまうわな」。

Y先生が、

「私だってそうよ、3年ぐらいは、辛いけどね」

と、呟きながらお茶を入れ替えてくれる。公狸の締めくくりは、

「昭代、いずれ先生になるんだろうけど、3年間は、恋も孝養もお預けだよ。お母さんに言っとけ」だった。

公狸の戯言

『追っかけ教育実習の指導教官』という言葉は、聞いたことがない。

彼女が公狸を追いかけて、転勤先へ実習校を求めに来たのには驚いた。それにも増して、中学での公狸の授業に感化され「国語教師志望を志した」と言われたのには、二度吃驚だ。

「読解授業は面白くない。何が正解だかはっきりしない」と、子供たちは言う。

その、はっきりしない答えの中に、

「子供らしい感性による、素晴らしい答えがある」

それを見逃さずに拾って育ててやることが教師であり、国語教師の仕事なのだ。そこにこそ、教師としての生き甲斐があるのだ。

秘話　⑤　教科書に載っていた「海の見えるホテル」

公狸には、こんな秘話がある。

国語の時間に軽く扱った読み物教材を、数十年後に「先生に教わったあの本、も一度読みたい」と、懐かしく語られ、背筋に走るものを感じた。と、いう話。

公狸は、所用帰りの東京駅に降り立った。丸の内中央口から八重洲口へとの中央通路は聞きしに勝る雑踏だ。反対側からこ綺麗な中年女性の二人連れが来る。すれ違いざま、

「あらッ、先生じゃない」

は、30年前の教え子の昭代と昭江。

「ひと電車遅らせてお茶しない」

は、行き交う何百人もの怪訝な眼差しを受け流しながら、数分にして纏まった。

公狸を中にしての積もる話はいっこうに尽きない。どちらかと言えば、中学時代は昭江の方がお喋りだったが、今日は昭代が主導権を握っている。3つの珈琲カップはとうに空だ。突然、昭代のトーンが上がった。

「昭江さん、あんた覚えていない。豪華客船で同窓会をやったっていう話。国語の時間に教わったでぇない。先生、教えたでしょう」と。

公狸の脳裏にも「中学国語」という分厚い本が目に浮かんだ。だが、著者が誰で何年生の教材だったかまでは、はっきりと思い出せない。が、そのような文は確かにあった。おぼろげながら、2年生の3学期頃に扱ったような気もする。

登場人物の主人公のA君が、新聞広告で中学校の同窓会を知らせ、何人かが集まった。広告の会場は、豪華客船の船名だけしか書かれていない。それぞれが訝しげに集まって停泊中の船に乗り込むと、甲板の中ホールに案内され冷たい飲み物が出される。なのに、幹事の顔が見えない。集まった仲間は、幹事は誰なのだとあれこれ憶測しながら一時を過ごした。

やがて、ふっくらと焼きあがったオムレツがみんなのテーブルに配られた。そして最後に、オムレツ皿を手にしたコック長が、真っ白なコック服に身を包んでカウンター越しに出て来た。

「やぁッ、皆さん、お待たせしました。只今から、○○中学校第○○期卒業の同窓会を始めます」と、

開会宣言をした。居合わせた同窓生たちは、思わず、

「エーッと襟を正した」

そう言えば、山高の白いコック帽の下の眼鏡をかけた丸顔の笑顔には、二十数年前の童

顔が残っている。あの時のA君だ。乾杯のグラスを干しながら、彼は続ける。

「卒業式の前の日だったと思う。将来の進路について一人ひとり発表させられた。僕は、将来コックになって、海の見えるホテルで皆に美味しいオムレツを、ご馳走してやるからと、約束した。僕は、今この船のコック長になれた。あの時の約束を果たそうと、先日新聞広告を出したんだ。今日は、みんな集まってくれて本当にありがとう」と。


教科書の文は、確かこんな内容だったと思う。


「先生、私も五十歳になって子育てが終わり、房州の母校の事を思うと、あのお話が無性に読みたくてたまらないの。あの本の著者は誰なのですか？」と、いい加減な授業だったことを、責めるかのように急き立てられた。

「うん、そんな内容の文だったな。誰の著作だったかは定かでないし、単行本が出ているかどうかもはっきりしないなぁー」

「古い教科書を調べれば判るよ。後で探して教えるよ」

と、安易な約束をしてしまった。


その安易な約束を守るのには、教科書センターを尋ねるしか、その術はないのを存分に知っている公狸なのに。

公狸の戯言

生徒たちは、国語の授業で学んだことを、「本＝教科書で読んだ」とは、言わない。「先生に、教わった」と、言う。それで結構だ。そう受け止めてもらう事が「国語教師の特権」なのだ。

公狸は、「サイタサイタ　サクラガサイタ」を「文部省、小學一年、讀み方讀本」で教わったのではない。優しい「鈴木たか先生」に教わったと、はっきり覚えている。

教師は教科書を自分で選ぶことは出来ない。しかし、教科書教材のエキスを拾うことは出来る。教師は教材のエキスを選び、それを子供に教えることが出来る。それが教師の特権であり、その特権を正しく行使する義務がある。

あの教材の学習が終わった時に「お前たちも、先々同窓会を開くのだろう。その時は、この公狸先生を、必ず呼べよ」と、軽口を叩いたことが、子供たちの心にちゃんと生きている。

秘話⑥「桂林荘雑詠示諸生」を、朗吟する男

公狸には、こんな秘話がある。

教え子の同窓会の宴席で、卒業の餞に教えた詩吟を吟じろと請れた。詩文を忘れたと断ったら、中学の時に暗唱が出来ずに残された一人の男が、すらすら教えてくれた。と、いう話。

公狸は、波静かな東京湾を見晴るかす岬の突端に立つホテルの大ホールへ招かれた。彼らと再会出来る同窓会（新年会）は、何年ぶりだろうか。こざっぱりとしたスーツに身を包む彼らは、十五歳の可愛い少年少女から、三十歳を過ぐ意気盛んな若者に育っていた。今日の会は、百三十人ほどの同期生で八十人ほど集まった。かれこれ、３分の２を数える出席率だから大成功の同窓会だ。晴れ渡った青空の下の真っ青に澄んだ東京湾の眺めは、まさに新年の喜びの景であり、ホテルの広間に集まった若者の祝福の息吹でさえある。時を刻むほどに大広間は、正月の華やかさと若者の熱気で、燃え上がらんばかりに燃えていく。公狸も飲めるアルコールを飲めるだけ飲んで、大声で昔の若さに帰りきって、軽口をたたいて回った。

二時間余りもしたろうか。幹事の閉会の言葉は、そのまま別室での二次会場への案内に代わった。その時、

「俺まだ先生の詩吟を聞いてないよぉ」

と、言う、酔っぱらい口調の声が響きわたった。終始会場を一際賑わせていた昭一の声だ。彼は、

「先生は、最後の授業だと言って俺たちの教室ごとに、卒業式の前の日に詩吟をやってくれた。俺は、あの詩吟を聞きたいので、今日の同窓会に出たんだ」

と、大声で言う。公狸は、

「分かった。二次会でやる」

と、昭一の声にも負けぬ大声で怒鳴り返した。そして、新春を寿ぐ同窓会の潮の流れは、音響効果の高鳴る二次会場ホールへと移って行った。

彼らと別れて以来十数年もたっている。あれ以来、その詩吟を吟ずる機会の特になかった公狸は、懐紙へそっと詩文を書いてみた。

「言うをやめよ他郷苦心多しと……」

初句と二句は何とか書けた。しかし、三句目は、どうしても思い出せない。結句の
「我れ薪をひろわん」

は、どうやら分かる。周りにいた二、三人の女の子に聞いてみたが誰も覚えていない。カラオケを仕切っている昭一を呼びつけて、

「三句目が分からないから詩吟は止めた」

と言うと、彼はすかさず、

「言うを止めよ他郷苦心多しと、同ほう友有り自ずから相親しむ、柴扉《さいひ》暁に出づれば霜雪の如し、君は川流を汲め我れ薪を拾わん」

と、こともなげに立て板に水を流した。

公狸が詩吟を始めるとホールは、一転、水を打った静けさになった。終わると満場は大喝采だ。

「今の詩吟は、昭一君に教わってやれた」

と、彼に向かって礼を述べると、今度は、彼に向けての大喝采が、改めて起こった。

彼は、今、某市の中学校の正門の近くに、小奇麗なトンカツ屋を開いている。公狸も一、二度立ち寄ったが、結構流行っているようだった。が、随分と苦労をしての修業であり開店だったようだ。

公狸は、彼らに3年間国語を教えた。教科書に韻文が出てくると、決まって暗唱を強要した。暗唱の出来ない奴は、放課後に残して覚えさせる。彼もその暗記網に引っ掛かってしばしば残されていた。もっとも、彼は決して暗い顔も嫌な顔も見せず、どうして逃げ帰ろうかと、策を巡らせる名人だった。部活の先生は意地悪なので余分に叱られる、とか、居もしない家族を入院させたり。その都度、その嘘がすぐばれるような設定をするのが、彼の得意技ではあったが。

明朗快活な平凡ないたずら少年が、自分の意志とは全く関係なく、在り来たりに教える小喧しい教師の強要を素直に受けて、素晴らしい日本文化を享受してくれる。これほど教師冥利に尽きることはない。

休道他郷多苦辛《いうをやめよたきょうくしんおおしと》
同胞有友自相親《どうほうともありおのずからあいしたしむ》
柴扉暁出霜如雪《さいひあかつきにいづればしもゆきのごとし》
君汲川流我拾薪《きみはせんりゅうをくめわれたきぎをひろわむ》

公狸は、四十年の教員生活で只一度だけ、墨書で七言律詩を色紙に書いた。先日の同窓会の折の詩吟教示のお礼に、昭一の店の壁面に掲げてもらいたい為に。

その下手糞な色紙は、今日も彼の店の壁で、

「言うを止めよ他郷苦心多しと　同胞友有り自づから相親しむ　柴扉暁に出づれば霜雪の如し　君は川流を汲め我れ薪を拾わむ」

と、囁いている。

公狸の戯言

若い頭脳に、名句明言を叩き込むのは、教師の仕事だ。本当の教訓・名句を、未完の子供に叩き込むことは、その子にとって真の教訓となり名言となる。

彼、昭一は、詩文通りの人生を送っている。高卒後、調理師への志を立て辛酸辛苦の調理師修行を積んだ。調理師の免許も取り繁華街の真ん中に自分の店の暖簾を掲げている。晴れて、同窓の友と酒を酌み交わしている。「先生の詩吟を聞きたいから、同窓会に出席」などとは、酒の席とは言え滅多に言える言葉ではない。自分の半生に自信があってこその戯言だ。

『桂林荘雑詠示諸生』という七言律詩は、十五歳の少年に賜る金言中の金言だった。それを諳んじ、かつ、詩文通りに、生きてる青年に賛辞を贈りたい。

彼は、公狸の「最も愛する教え子。最も尊敬する教え子」の、一人なのである。

秘話 ⑦ 指を折って分数計算をする受験生

公狸には、こんな秘話がある。

受験を控えた特別指導で分数計算を遣らせた。答案用紙に置かれた左指がかすかに動いている。公狸は、愕然としながらも、大根を切って4／3を教え込んだ。と、いう話。

公狸は、答案用紙をじっと見つめ、微動だにせずにいる昭一の左手の第2関節が、微かにゆれているのを見逃さなかった。中指の第二関節がゆれ薬指の第二関節が動き、その微かな動きが小指を揺すって人差指に返っていく。

「昭一！　何してんだ！」

と、公狸はいつものように問い詰めようとする言葉を、

「しょういち！」

と、平凡な呼びかけの語調に改めた。

「3分の2、とはな、3つに切った物の2つ分」

と、云うこと。

「×2とは、その2つ分が、2つある」

と、云うのだ。だから

「答えは、3分の4、だろ」。

その日、公狸は、午後から高校の出願書提出のため、教室を留守にした。何度も何度も落丁のないことを確かめて、ベテランの女事務員さんに提出する。こいつら皆んな合格してくれよと、心の中につぶやきながら受験番号を確かめる。そのようにして数校の出願手続きを終え、改めて、次の技術専門学校へとハンドルを執った。

受験日は明日だ。受持ちの子も含めて三人受験する。競争率を尋ねながら、「合格に特別配慮を」と、お願いがてらの挨拶に尋ねたのである。応対に出られた若い担当係官は、公狸の元受持ちの卒業生だった、優等生だった。

「先生、数学が出来ないと……」と呟きながら「これ、去年の問題だけど、これで勉強させて」と、インクの匂いのちょっぴり残るプリントを頂いた。

明日の受験に備えての諸注意、ということで3人の中悪ガキが職員室で、公狸の帰りを待っていた。別室へ移し頂いた反古プリントでの、模擬テストが始まった。

「出来なければ、出来るまでやれ」と、言い渡した。

稿頭の記述は、その別室の10分後の光景である。

公狸は、用務員室へ急ぎながら考えた。今まで、この手の子ども達は、50分のテスト時間を、チャイムの鳴るのをじっと待っているのだから、さぞかし退屈だろうなと思っていた。しかし、今日の現実から、彼らは彼らなりに苦悶し奮闘していたのだ。公狸は、悔恨の情に駆り立てられた。それにしても、この問題は小学校で教わる事ではないのかと、大きな疑問と怒りのような苛立ちを覚えた。九年間の義務教育を終え、独り立ちしようとする青年に、生活の基礎知識を持たせないということは、教師としての一大瑕疵であり、業務の怠慢ではなかろうか。公狸は、用務員室へ駆け込んだ。頂いた大根を細長く切って、3ッつに切り、1片ずつ3人に持たせた。

「これを、1／3と書く、2人分なら2／3個だろ、1人が2個ずつ出せば4個になる、3ッつに切った1つが4ッつあるということだから、4／3と書く。元の大根1本と1／3個があるから、1・1／3と書いて、1っか3分の1と言うのだ」

「分数の問題が出たら、大根を切りながら考えた数を、答えれば、合格だ」

と、実演さながら喋っているうちに、彼らの顔はいつもの中悪ガキの笑顔に戻っていた。

次の日の朝だった。公狸の車が駅前の十字路に差しかかると、漁師の女将さん風の一人の中年の女性が、買い物袋を手に立っていた。昭一の母親だ。

「昨日はありがとうございました。昭一が初めてテストが出来たと話してくれました」

「これは、今、八百屋から買ってきた大根だけど、小使いさんに返してください」

と、みずみずしい大根を二本入れたビニール袋を差し出した。

聞けば、昨日昭一は入学試験から帰宅しての第一声が、

「かぁーちゃん、俺、今日、分数の問題が出来たぞ。きっと、合格できんぞ！」

だった、と、言うのだ。

「試験問題に出たのとぴったり同じのを、昨日先生に教わっただだかんなぁ」

と、得意になって言ってるんです。

「先生は、昭一なんかが出来なかった分数の計算を、小使いさんから大根を貰って来て、それを切りながら教えてくれただってね『分かりいいったおぅ』って言っていました」

「先生が『出っかも知れねえぞ』て、言った問題がみんな出た」

と、得意になって言うから、

「おうさ、お前らの先生は、神様みてぇな先生だ。足向けて寝んでねぇーぞ！」って、言ってやりました。

なんの変哲もない漁師の女将さんの言葉だけど、公狸には観音様のお言葉にも似て聞こえた。受験の三日後に、合格の発表があった。三人とも、合格証書を見せに来た。聞いてもみなかったが、数学も零点ではなかったのだろう。

年経ての同窓会で、三人に再会することが出来た。昭一は、ガラス屋の職人店員として

働いている。昭二は、溶接工としてかなりの賃金を貰っているようだ。昭三は、大工職人になっていて『俺は、平方根が分かんだぞ！』と、大きな酔声を上げてくれた。

公狸の戯言

識字率だとか学力だとかが、世界ランクでどうだこうだという報道記事が目につく。

読み書き算盤は、人間社会の生活必需品だ。義務教育店の下の陳列棚に揃っている。教師は子供に、その必需品を、買物籠に入れさせなければならない。基礎食品は下の棚に、嗜好食品は中の棚に、贅沢食品は上の棚にある。分数計算は基礎食品だ、下の棚にある筈。基礎食品を籠にちゃんと入れ、中学レジを通させるのが、教師の役割だ。

贅沢品たる外国語を、下の棚に陳列しようとするスタッフ（文科省）の愚かさには、警鐘を鳴らしたい。そうさせた現場の教師職人にも、深く反省しなければならない現実だと、叫びたい。

今、目の前にいる30人の子供のうち、英語をペラペラ喋って、生業の源にする人物に成長する生徒が何人いるのだろう。「桜」が読めず「さくら」と書くことが出来なければ、この日本では生業の道は開けない。

日本の教育行政よ。日本の教師先生よ。日本の底辺の子供たちにも、慈愛の眼を向けて欲しい。

秘話　⑧　遊ばせ上手な公狸先生　よく遊べ・学べ

公狸には、こんな秘話がある。

教育活動をゲーム化して展開することに特殊な才能を秘めている。時と場を得たその子供たちは、とんでもない成果を上げてくれた。と、いう話。

上野駅前のホテル○○で結婚式を挙げた昭代に主賓として祝辞を終えた。

『人生にとって最も幸せな時とは、人を信じている時である』

との、オリジナル格言は、新郎の母親に最も好評を博した。

「息子に過ぎたる嫁は、先生に教わった優秀な娘さんだったんですね」

と、ビールを傾けて下さった。宴後、昭代に、

「なぜ公狸を恩師として招待した。高校・大学に立派な先生がいたろうに」

と、問うたら、

「先生は、私達を遊ばせて教えてくれた先生だったから」

と、笑って答える昭代だった。

公狸は、その頃流行りの小集団指導とかを学級経営に採り入れ、いろいろな学習活動

を、クラリンピックと名付けた、班（グループ）対抗の活動に展開させた。昭代は、班長として派手にリーダーシップを発揮してくれた。

漢字テストをオーダー制班対抗戦にし、対戦者との得点差を班の得点として積算していくという、ゲーム性を持たせた。漢字の苦手な昭一を朝自習時に特訓している昭代の姿をちょくちょく見かけた。全校朝会の後の風紀検査で名札の検査がある。チェックされれば班の積算点から減点される。昭代は自分の体操服の名札を剥がして名前を書換え、昭一の胸に縫い付けて遣ったこともある。

クラリンピックの最終章は、公狸のクラスだけで、弁当を持って学校の外へ出た。昇降口に並ぶ昭代や昭一の列を何だろうと見下ろす全校生の目が窓に光った。その列は、まるで小遠足だ。

「何であいつ等の組だけ遠足なんだ」

との、羨望の眼が光っていた。お寺の脇の公園のような広場で弁当を食べた。班対抗のミニ駅伝を終え、総合成績がまとまった。昭代の班が見事優勝になった。昭一の発声で体操服姿の昭代が宙に舞った。

第二話である。環境美化委員会から『今週を美化強化コンクール週間とする』との発表があった。公狸は、廊下磨きでの点数稼ぎを思いついた。教室の廊下を二人並んで拭きながら往復する。速さの競争だから勝ち負けが生ずる。公狸はそれに一工夫。相撲の星取表を作って都度○●を書き込み、廊下へ張り出した。二十人のメンバーはそれぞれ四股名を付けて対戦した。義男は義葉山、勝男は勝多川、稔は二人いたのでジャンケンで稔富士と稔嶽。星取表は当事者ばかりでなく女の子にも人気があり、隣のクラスからも覗き見に来る奴がいた。日増しに床の輝くのを見て、

「おめぇら、公狸先生に化かされていんだんねぇ。廊下磨きやらされているだけだんねぇ」と、笑う3年生に、吉葉山は、

「それでも俺は、勝負に勝つんです」

と、笑って答えていた。

この人気上昇とともに、廊下の輝きは一日毎に増すばかり。美化コン顧問のN先生は、見に行かなくとも一等だと烙印を押していた。次の週に入ったら、稔富士が仕切って星取表を番付表に格上げした。自分は横綱に座った。C組の廊下は、光り続けた。

公狸先生の戯言

目的的企画・計画という言葉が有るのか無いのか?公狸は知らない。だが、公狸の思い付きに似た教育活動とやらは、目的的教育活動そのものであったと、自負したい。

1稿は、小集団教育の粋たるものではなかったろうか。強者は奢ることなく弱者に手を差し伸

べ、零点坊主に漢字を覚えさせた。名札の無いふしだらな生活に、同級生として一釘刺した。素晴らしい教育効果ではなかろうか。それを十年後の今日、

「私の恩師は、遊ばせ好きの先生だった」

と、人々に紹介してくれた。今日頂いたお祝辞を、これからの私の人生の心の糧にしてくれると言う。生まれて来る子に、『よく学びよく遊べと教えるんだ』とも言う。

2稿は、生活環境の美化・整備に競争原理を持ち込み、見事それを昇華せしめた。二日目の対戦が終わった頃には、彼らのほとんどが廊下掃除を遣らせられていると気づいた。五日目には、全員が美化コンに勝つための罠だと気づいていた。公狸にバカされている、と知りながら、楽しんで〇星を追いながら、廊下磨きに走った。

この廊下の光につられ、隣の廊下が綺麗になった。いつしか、全校の廊下がピカピカに光ってると、独りほくそ笑む公狸であった。これぞ、目的的教育的企画でなく、何であろう哉。

秘話 ⑨ 運動会・大根足は動かない

公狸には、こんな秘話がある。

運動会の色分けを縦割り3色にし、総合得点制にして競わせた。生徒たちは力一杯に戦うし、父母たちも夢中になって応援した。一般町民から見物の観客が、大勢観に来た。と、いう話。


公狸は顔見知りの漁師上がりのおっさんに呼び止められた。

「先生、速えーなー!、あの3年生と一緒に駆けんだもんなぁ!」

「そう、あの野郎は学校中で一番早い子なんだ、県の陸上競技大会で入賞した子だーだよ」

「そうかい、どーんで速えーと思ったよ。先生が負けても、しょうがねぇネ」と。

公狸は、にこにこと今日の運動会の種明かしを始めた。

「小父さん、あの子の鉢巻きの色は青だったっぺ。同じ色の鉢巻きが、彼を抜いて一番になっても、青鉢巻き組の得点は11点だ。だから、どっちが一番でも、同じことなんです」

「では、あの子に花もたせたんかい」

「まあ、そんなとこ。あの子の親御さんも、どっかで小父さんと同じように、見てるだろうからね。ところで、小父さんのお孫さんは、何色?」

と、聞き返したら、隣でニコニコ二人の会話を聞いていた、ご婦人が、

「この方は、中学校の運動会はすごく面白いから観に行きたいとおっしゃるので、私が連れて来たお方なんですよ」

二人の背中越しに、

「そんな人、一杯いるよ。私もそうだけどさ」

と、声が聞こえる。別の一人が、

「ほんとだよ、どの子もさ、力一杯、遣るんだもんネ」「見てて、涙が出そうな時もあるよ」

と、明るい同調の声。

公狸は、学年縦割りのチーム編成による得点競争制で、総合優勝が決まること。設定されたプログラムに選手制で出場すること。レースは学年別になっていて、学級で選手選考する。場合によっては、3年の団長級が、下級生の教室へ出かけ作戦を指示することもある。先生も色別に分けられ、生徒並みに出場・得点をカウントされるのです。

公狸がそんな解説をしているうちに〈大根足は動かない〉レースがスタートした。いわゆる封切競争だ。男子が封筒を拾って、札番号との合札を持つ女子を見つけ、二人三脚でゴールへ向かって走る。着順得点は、男子の鉢巻色のチーム得点となる。だから、女の子には、片足をレースに提供する義務はあるけれど、男の子の歩調に合わせて走る事には、拒否する権利が与えられている。たとえば赤と白の異なった色ペアーは、二人の足を結ぶまではスムースに運ぶけれども、いざ走ろうとすると、そこから先は地獄レースに急変だ。合札は、1〜6を2組作り、1組は、蒔札でレース毎に係が封筒に入れてそれを散らす。1組は、合札で女子選手がコースの途中で開封で持って待っている。レースは、1年(男)から始まる。最初のうちは蒔札に会う合札を持つ同色の鉢巻とのペアが組めるので、スムースにレースは進む。だが、レースは6レースあって、1・2レース目では同色ペアが出来るけど、3年生(男)の5・6レースになると、異色ペアに成るしかない。

赤組の昭一はトップで蒔札を拾った。3番とある。

「3番! 3番!」

の、大声に応えたのは、隣の組の昭代だった。仲良くコースへ並んだ。昭一の左足と昭代の右足が、手早く昭代の青鉢巻きで括られた。それからが、見物だ。昭代が地べたへ座り込み動こうともしない。遅れて札合わせの出来たペアが、愚図りながらも昭一のペアを追い越して行く。昭一は、四つん這いになって昭代を引き摺ろうとする。昭代は、必死になって耐えている。プログラム名の通り、昭一の姿は、大きな大根を引き抜こうとしてなかなか抜けず、苦闘する童話の世界の姿そのものだった。応援席からは、やんやの歓声だ。やがて、昭代が立ち上がって歩き出した。他の5組がゴールしたのを見届けて、赤鉢巻の昭一に1点取らせてやった、のである。

十数年後のある日、時の同僚N先生と一杯やる機会があった。N先生とは、公狸のこの発議に真っ先に賛成し、その成功の立役者たる愉快な後輩であった。

「あのプログラムで、足の骨を折った女の子は一人も居なかったなぁ。男共が手控えてゐたのだろうか。あッはッは！」

二人のコップを合わせる音が、海辺の潮に快く響いた。

公狸の戯言

運動会の歴史をひもどけば、親たちに、子供の成長を見てもらうための、報告授業なのである。地域の人々に、村の子供たちは、元気に逞しく育っているよ、との、公開授業だったのである。そこへ、「弱い子が人前で負けるのを曝け出すのは、個人の尊厳を傷つける」という、非教育的論理を、誠しやかに述べる似非《えせ》教育者が現れ、我が意を得たりと駆けっこの遅い悪餓鬼が一列ゴールを考案した。そして、心なき似非教師が煽動し、それを是々とした。

クラスの中には、勉強は苦手だが運動は大好きだ、という子がゴロゴロしている。その子らにも一年に一日ぐらいは、親の見ている前でいい格好を観させてやりたい。授業をさぼってメジロを捕りに行き公狸に説教を喰らった男の子が、今日は公狸より胸一つ早くテープを切って6点を挙げ、皆んなに胴上げをされた。ちょっぴりデブの音楽部の女の子は、その逞しい足を大地に貼り付けて、百千の耳目を集め、万余の歓声を起こさしめた。

こんな仕掛けが、こんな遊びが、教師の仕事だと呟くのが、公狸の公狸らしい所以である。

秘話 ⑩ 自主プラン修学旅行が教育テレビ番組になった

公狸には、こんな秘話がある。

県教委から新しい修学旅行のあり方という教育番組制作の要請を受けた。旅行プランの作り方から、実践、撮影（委託）、編集へと、公狸主導のアドバイスで番組を作った。と、いう話。

昭一は、二泊三日の楽しい修学旅行を文字通りに楽しく終えた。そして、旅行３日目の夕暮れ、家へのゆるやかな坂道を自転車で上った時に、涙が滲むのを覚えた。

「ただいま！」

の声ももどかしく、座敷に大の字になった。

その時、我が家の天井に東照宮の龍の絵が映っている。鴨居に猿の頭がある。お婆ちゃんへのお土産袋の霧降高原の絵を見た瞬間、込み上げてくるものがあった。見飽きている裏山からの房総のそれではない。新緑に新緑を重ね、雄大な山並みを作っている高原だ。遠くに見える山岳が小さく見えるが威厳がある。その上に真っ青な空が小さな雲を二つ浮かべている。その木蔭の道で、俺たち七人が高原列車を合唱している。あ、今乗ってる観光バスは、俺たちの貸し切りバスだ。市内へのバス料金をなぜ払う。手渡すのは、昨日から私たちを案内してくれている観光バスの親切なガイドさんだ。あ、あのバス代、先生がガメチャッたのかな？、と、思った瞬間、現実に還れた昭一だった。

後日、ＰＴＡ役員会で昭一の母御さん（副会長）が語った、彼らの修学旅行後日譚だ。

さて、昭一が泣くほど楽しかったという修学旅行とは？

丁度半年ほど前の事になる。県教育委員会教育放送室から、新しい形の修学旅行のあり方を示唆する放送番組を作って欲しいとの要請があった。真っ先に快諾の方向を打ち出したのは校長さんだった。本校生徒の活動がフィルムに収まり、テレビ電波にのる。請けない は無い。これが校長職の本音の本音だ。

そして、公狸を中心にした特別研究班（２年担任が中心）が組まれた。基本的には、班別に自分たちで旅程を組ませ旅をさせるというのだ。サンプル（コース名）を教師陣で提示し、希望・調整して男女混成６～10人の数コースが組まれた。彼らにとってここまでは、解放された自由な旅行として大人気を博した。

ところがそれからが大変だ。先生方は誰も知恵を貸してくれない。

「この旅行書を見なさい」

と、本を貸してはくれる。

「それは良いかもね。調べてみれば」

が、定番の答えだ。それでいて、細部の質問には何気なく答えてはくれる。図書室の蔵書書架には、日光の関連書籍が急に増えた。誰が持ち込んだのか日光の観光案内パンフレットが閲覧机に打ち捨てられている。

子供たちが大苦労をして作った自主プランに、ＯＫの印を押す役は公狸が請け負った。公狸は、立案に班員の誰もが参加したなと、見届けなければ『ＯＫ印』を押さなかった。日光駅から湯元迄のバス停を答えた奴もいた。男体山や白根山の標高を諳んじた奴もいる。ちゃっかり屋の昭代は、校長先生は優しいから校長室の電話で日光のバス料金を、全部聞いたと、笑いながら答えた。

昭一は、霧降の滝・高原散策のコースを選んだ。バス料金はと、質したら、

「それは、昭二が調べました」

と、応じた。昭二がポケットから手帳を取り出した。もはや細かく訊き糺す必要はない。計画立案に班員の誰でもが参画している。丁寧に『ＯＫ印』を推してやった。

３日の行程の１日目は、日光観光定番の東照宮三社と滝廻り。２日目が目玉の班別観光。ホテルの玄関前から班別に分かれての行動開始だ。班長の掛声で少人数グループが行

動し始めた。左の観光アーチの方へと歩き出すグループ。右のバス停の方へ移動するグループ。湖畔の遊覧船波止場へ降り立つグループ。それぞれが手を振り合っているが、声は皆んな同じに「マタネェ」だ。そして、それぞれのグループの最後尾に、小父さん・小母さんの付き添い先生が、黙ってニコニコ付いて行った。

最も感激的だったのは、夕食後の「班別観光報告会」だ。どのグループも一様に「よかった。楽しかった」と発表する。聞き手側は、そこへは行っていないのだから頷くしかない。たび毎、歓声と拍手が沸いた。最後に公狸先生が総括として、

「今日の班別行動の報告会は120点、計画発表会の時の80点と合計で、旅行総合点は200点」と、評したら、誰も彼もが抱き合って喜んでくれた。

ホテルの大広間の灯は、夜更けまで煌々と輝き続けていた。

公狸の戯言

生徒達が自主プラン旅行をするということは、研究・企画から実地実践まで大変な事なのだ。そして教師には教師としてのそれ以上の事前研究と対策が必要なのだ。自分で遣ることの数倍も数十倍も知力と能力とを必要とする。

今回設定したいくつかのプランの中には、どの教師も行ったことのないプランが含まれている。それでも生徒らが満足するに足る観光体験地だろうかどうか。尚かつ時間的にも肉体的に

も生徒らにとって安全かつ楽しい一時を過ごせる計画だろうか。まず教師がそれを正しく把握しなければならなかった。

今回の旅行計画作りでは、教師は「相談役に徹する」を、通した。教えるは一切しない。問われれば応える。に徹した。旅先でもこの立ち位置は崩さなかった。三歩下がって子らの影は踏まず、だ。弁当は一緒に食べたが、食べろとは言わない。先生からの号令のようなものは一切なく、ただ見守って付いて行くだけだった。だから、泣きたくなるほど楽しい遠足だったのである。

公狸先生が事前に旅行先（日光市）を訪れ、旅行計画書（写）を提示しながら異例旅行の趣旨と形態を説明し、事前理解を求めた。訪問先は、警察署・消防署・保健所・観光協会・バス会社等々である。この事は、引率職員以外は誰も知ってはいなかった。

因みに、効果のあったのは釣堀コースである。特学3人をメンバーとしY先生が付き添った。天候もよく鱒は入れ食いだ。こ1時間もいるのだからバケツはたちまち一杯だ。Y先生の目に『釣上魚買い取』の貼り紙が映った。懐の財布をそっと握った。が、園主がバケツの鱒を放流し、裏から用意した別の鱒を一尾ずつ持たせてくれた。「宿で焼いてもらって食べな」と、言葉を添えて。Y先生は丁寧にお礼を申し述べたと言う。

昭和の教師の部活指導とは

部活指導は教師の生き甲斐

若者達に、中学校では誰れ先生に教わったと問えば、部活は○○先生、学担は○○先生と、応える。学担とは、進路の相談に乗ってくれた、3年の時のクラス担任。部活とは、3年間怒鳴られて叱られて、勝った出来たと喜び合った、一緒に活動した部活動の顧問教師のことだ。

子供たちが試合に勝つということは、監督たる己自身が勝った事なのだ。

子供たちが入賞したと言うことは、教師自身が受賞したのである。

勤務時間等という言葉は、超過勤務手当等という言葉は、夢のまた夢だ。

大人になった子供たちが「俺は、先生に野球を教わった」と言ってくれることが、何よりの報酬なのだ。

⑪ **部活指導は、給料のうち** ………… 59
「テストの採点は夜遣ればいい。陽のある内は部活指導を楽しむのさ」が、口癖の公狸先生。

⑫ **栄光の9連覇・伝統というものの陰に** ………… 62
公狸には、近隣中学校での陸上競技大会を、9連覇させた、隠れ功績がある。

⑬ **公狸は、一億円プレーヤーなどを、育てはしない** ………… 67
プロ野球のスター選手を「育てはしない」「道をつけた、だけだ」と、言い張る公狸先生。

⑭ **背番号18の・ウルトラスクイズ・** ………… 71
ひ弱な選手にサヨナラスクイズをさせ、一躍、野球大会優勝のヒーローにさせた。

⑮ **私立高野球部への偽受験** ………… 76
私立高野球部へ偽りの受験。後輩への影響を恐れた俺は、保護者に謝罪金を払わせた。

秘話 ⑪ 部活指導は、給料のうち

公狸には、こんな秘話がある。

公狸は、口癖で「テストの採点や授業の下調べは、電気の明かりで出来るけど、野球やサッカーの指導は、太陽の明かりが無ければ出来ないさ」と、呟き乍ら、部活指導を楽しんでいた。と、いう話。

西の空に太陽は傾いてはいるが、明るく強い光を選手たちに投げかけている。公狸の左手首の腕時計は、優に5時を過ぎている。ユニホーム姿でこそあったがグランドの隅で、昭一が一年生相手にキャッチボールを始めた。公狸は呼びつけて事情を聞いた。昭一は「授業が終わって一旦家へ帰り、塾（生徒3人の訪問教師）へ行って勉強し、終わったので、自転車で飛んで来ました」との事。

咎めたい公狸の声は『そうか、頑張れよ』と、大きく張り上げた。

通常の日の練習は、3時過ぎに学級が解かれ、部員が三々五々グランドに集まり着替え、キャッチボールの始まるのが4時頃だ。公狸をはじめ部活の指導教師は、その頃（4時前後）から指導に着けるだろう。一方、放課後に用事があれば、部活の練習を休むのが大方の彼らの選択肢だ。昭一は、それではレギュラーのポジションが危うくなる。どうせ練習は7時過ぎ頃まで遣る。5時から練習に加われるなら、それで最高だ、とペタルを踏んだ。

通りかかった昭一の担任のO先生が車を停めた。グランド脇の長椅子に腰を下ろし一年生相手に何か喋りながら、公狸の手の空くのを待っている。O先生の語るところ、とは、「昨日の職員会議で私の言ったことは、言葉足らずでした。生徒に謝りたい」と。

彼の会議での発言とは、

「運動部の練習は、定められた時間内で効率よく終わり、対外試合での結果に満足すれば良いはずだ」

だった。公狸は、

「子供達は、自分の潜在能力を知らない。それを知らしめるには時間がかかる。早い子もいれば遅い子もいる。まして、チームプレーでは時間のことなど考えていられない」

と、反論をぶち上げた。議論は沸騰した。5時前後を境としての、打ち切り論と特別延長論の対立論争だ。何時もの通り結論は出なかった。

最後のメニューのベースランニングを終え、マウンドを囲んでの校歌の合唱だ。昭一の声は一際大きく薄い星空に響きわたった。

一息ついて、公狸はO先生に呟いた。

「今年のチームは粒が小さい。美しく負ける為に、美しく練習をしているのだ」と。

公狸の戯言

寺子屋学校に源流のある日本の庶民教育では、公狸が四十年間務めた田舎のありふれた中学校教育の現場では、部活指導という教育手段は、当たり前の仕事の一つに数えているだけだ。子供たちの練習の様子を一遍も見たことのない校長先生が、競技会で優秀な成績を取ってきた選手を、全校児童・生徒の前で誉めそやすのに、何人も異論を差しはさむ余地はない。素晴らしい称揚教育の場ではなかろうか。教員採用＝配置転換の条件に免許科目に並んで部活指導の項のあるのは、田舎の教員なら皆んな知っている。只、部活として指導できる特技を持ち合わせていない教師が、名目だけで、と割り当てられた時に「残業だ＝仕事外だ」と、言い張っているに過ぎない。巷間、部活指導を外部指導に移行しようとするのが、現今の教育界の趨勢のようだが、難題だ。教育公務員（先生）には、４％の特別（残業）手当が付いている。極めて不明瞭・不公平な特別手当だ。教員の働き方改革だと言うなら、この特別手当の支給方式を、特別活動支給方式に転換さえすれば簡単に片付く。スポーツ指導・芸能指導等に直接かかわった（時・トキ）（者・モノ）に対して、時給2千円程度の【余業手当】を支給すればよい。フル指導で一月10万円くらいの増額受給になる。大卒初任給で10万円の増額受給なら、教員志向不人気傾向も、一気に解消するであろう。

※もし、採択されるなら、その諮問委員には都会のひ弱な学者先生ではなく、公狸のような「田舎の叩き上げ教師の生知恵」のようなものが必要だ。

秘話 ⑫ 栄光の9連覇・伝統というものの陰に

公狸には、こんな秘話がある

近隣8中学校での陸上競技大会を9連覇していた、させていたという、隠れた功績がある。中でも、公狸学級（3年C組）の選手だけで、対8校中5位相当の得点を挙げた。と、いう話。

時報を合図に煙火が打ち上げられる。雲一つない青空に白い小さな煙を残して威勢の良い音が鳴り響く。午後の部の始まりである。昭一がラインカーを手に背中を丸めるようにしてトラックに白線を引いている。公狸が近づくと、

「先生、こんでいい、リレーゾーンはちょっと違ってるかん知れねえけん、直してよ」

と、ラインカーを手渡しながらの報告。国民の祝日体育の日、町民体育大会が中学校の校庭で開かれた。町内を8地区に分け、走る跳ぶの競技種目にリクレーション種目を加え、地区対抗の町民体育大会が展開される。小中学生種目があるのだから、小中学生も地区ごとに選手として選ばれて参加する。学校の先生は担当地区の選手として一般種目に出場しても良い。公狸も担当地区から選手として出場を要請され、紫鉢巻を締めた。競技の進行役をも務めながら、スターターを務めピストルを撃ち、所属チームの色鉢巻きのアンカーとしてバトンを受け、前を走る2・3人の青年を追い抜いてテープを切るのが、公狸の担

当地区へのお礼の挨拶だった。

そんな町民挙げての運動会の昼休みだ。昭一は、公狸を探したが見つからないので、言い付けられていた訳でもないのに、午後の競技に向けて白線を引き直してくれたのである。町体育協会のN会長さんが、午後の部の開会挨拶にこの事を取り上げてくれた。昭一は、百《メートル》と走り幅跳びで優勝しながら、公狸にくっ付いてラインを引き直したり、バトンを渡したり、いつの間にか進行補助員の座を奪い取っていた。そして公狸と差し向かいでお茶を啜りながら、

「俺一年間で楽しい日は三日しかねえ。運動会とその総練習と、町民体育祭の日だけだ」

と、ポツンと呟いた。公狸は、聞き返しはしなかった、が聞き漏らしもしなかった。


昭一にはその三日のほかに、もっともっと楽しい日があった筈だ。それは、昭一ばかりでなく、昭一と共に苦楽を共有（中学スポーツ）した仲間にも言えることだが、当のヤングアスリートには気づかぬことだ。だが、公狸は、知っている。知っていた。

昭一のT中学校陸上競技部は、昭和28年～38年にかけての10年間に、９連覇を成し遂げたという素晴らしい記録を持っている。その連覇記録を打ち立てるのに最も難しいとされたのが、昭一が三年になり陸上部の主将になった時だった。この種の大会で二年連覇はよく聞かれる。中高生の選手としての活躍期は、二、三年次だ。優秀な選手をかかえても３

年経てば卒業してしまう。だから3連覇は難しい。ところが昭一は、一年生の時から陸上競技会の得点を叩き出し、初優勝に貢献した実績を持っている。他校の3年生選手に伍して、百メートルで2位、走り幅跳びで4位、計9点を叩き出した。もっとも、この日、女子の部で、同じ1年生の昭代が、百メートルと走り高跳びでともに優勝12点を叩き出してはいたが。

二人は3年生に進級した。学級担任は公狸となった。難しい3連覇のかかる陸上競技会が近づく。監督陣のM先生と公狸とは練習を終わった後でこの二人を中心にしたエントリーについて何度も何度も練り直した。昭一は、百メートルと走り幅跳びは絶対勝てる。二百メートルも勝てるかもしれないがT中の奴に負けるかもしれない。よし、百と幅で12点を稼がせようと決めた。昭代は、百メートル、二百メートル、走り高跳び・走り幅跳びの4種目に優勝確実だ。昭代をどの種目に出すかでなく、2番手の誰をどの種目に出して、どう得点を挙げるかに、検討の的を絞った。二百メートルと走り高跳びに昭代を当て12点を叩き出させた。3千メートル走でHHコンビがワンツーフィニッシュをして、午後の決勝種目を待たずして早くも総合優勝が見えていた。女子4百継走の昭代と男子8百継走の昭一がそれぞれアンカーとしてゴールテープを切って、見事、優勝。3年連続優勝というおまけ付きの優勝旗を、昭一が手に受け取った。

この3連覇がきっかけで、以後6年間、優勝旗を勝ち取ることを当たり前として、選ばれる選手たちは、勝つことへの執念と努力を積み上げた。選手は代われど勝つことは変わらず、輝かしい9連覇へと歴史が綴られる結果となった。

プロ野球には、日本選手権9連覇という素晴らしい記録がある。王貞治、長嶋茂雄のON打撃コンビの活躍が原動力での連覇だ。当時の日本人なら誰でも知っている偉業である。公狸の手許にあるT中学校陸上競技部の9連覇という素晴らしい偉業を素晴らしい偉業だと認識する者は少ない。居ない。当時の人々の誰もが、選手も生徒も父母も地域の人々も、誰も気付いていない。それは、主役の選手が3年で代わってしまうからだ。公狸自身もこれを認識したのは、転勤で隣の学校へ移り、そこで指導し引率してこの大会に臨んだ時、初めて認識したものだった。先輩のM先生とこのことを語り合った。M先生も、

「あッそうだ、9年連続だったなあ！」

「中でも、あの3連覇の時が一番難しく逆に面白かったな」

と、述懐、二人のコップは、コツンと音を立てた。


　公狸には、この陰にM先生も知らない、面白い、かつ、誇らしい事実を知っている。それは、この日の大会で公狸のクラスから選手として出場した者の入賞得点の合計が、参加8校中の5位に当たるということだ。昭一の百《メートル》と幅跳びで12点、昭代の高跳びと幅跳びで12点を筆頭に、昭二の高跳び5点、昭三の3千《メートル》5点、昭四郎の砲丸3点、昭枝の百《メートル》と二百《メートル》で11点、昭美の砲丸1点等と、公狸学級の選手の得点を合計すると49点になる。出場8校中の第5位に相当。公狸はこの事を誰にも喋ってない。小規模校への配慮から。

昭一たちには、他言無用だが中学時代の誇りにせよと、語ってやった。昭一には、「お前の中学時代の楽しい3日だけに、この日のことを加えて4日にしろ」と、卒業の祝辞と送別の辞として贈ってやった。

公狸の戯言

広域の公式競技大会で、9連覇という偉業だったのだから、我ながらびっくりする。過ぎてみて(転勤)、その価値のほどを噛み締めることが出来たというのが実感だ。

競技会の規模を語らず、手許の子の成績を誇大に吹聴する光景を見かけることがしばしばある。中学校以上の部活からの選手は、その競技会での勝敗価値を知っている。いたずらな誉め言葉が(校長など)、選手(生徒)や指導者(教師)の心を、逆に傷つけることもある。その競技会の性格・特徴を細かく知ってこそ、称揚教育の真価がある。教師集団だけでなく、父母や地域の人々にも、基本的理解を求めておかなければならない。

「3日しか楽しい日がない」と、言うのは、昭一ばかりではない。一見埋もれたように見える子供でも、得意なものを必ず秘めている。運動でも、芸能でも、美芸でも。それを見出し、励まし伸ばしてやることに、何の躊躇いがあるのだろう哉。

中学校部活指導には、勤務外指導だとか、時間外指導だとかの、美辞麗句は有り得ない。

秘話 ⑬ 公狸は、一億円プレーヤーなどを、育てはしない

公狸には、こんな秘話がある。

プロ野球O球団・Y球団で活躍、オールスターに3度も出場した郷土出身の有名選手を人々は、公狸が育てたと云うけれど「育てはしない」「道をつけた、だけだ」と、言い張る公狸、と、いう話。

背番号23がくるりと振り向いて、

「今は、試合中です」

と、3塁側観覧席の最前列から大声を上げてくれたのは、町の野球友達のT君だった。

「恩師の声を忘れたんかぁー」

と、ニコッと笑って頭を下げた。この時、今、公狸の目の前で華麗なプレーを見せてくれたのは「プロ野球O球団の昭一君」だと、改めて意識した。それは、平成2年3月24日、K市営野球場で、プロ野球オープン戦、N対O戦が開かれ、郷土出身のプロ野球選手のプレーが見られるというので、地元の野球ファンが大勢集まった。顔見知りの観客もいっぱいいいた。そんな中での、昭一選手の公狸への極めて丁寧な挨拶だったのだ。居合わせた3塁側のOファンの眼が、O選手の眼の先にある公狸の方へと向いたような気がした。

「あの人は、O選手のT中学校の監督先生だった」

「そうだよな、彼はT中学からK高校へ進んだんだもんな」

などの、田舎野球評論談義が始まった。

中学校で野球指導に携わること四十年、4～5百人に及ぶ（各年10人とし）選手の中でプロ野球に進んだのは、彼だけだった。彼はソウル五輪金メダルの全日本選手でもあるし、プロ野球オールスターに3回も選ばれた一流選手だ。

そもそも、公狸と昭一選手との出会いは、彼の中2の春に始まる。公狸はその春、T中へ赴任した。そこに野球部の補欠選手として2年生の昭一選手がいた。彼は、小柄だがすばしっこい脚力と手首に力強いパンチ力を持っていた。公狸は、3年生選手に割り込ませて二塁手のポジションを与えた。彼に教えたことというなら、

「ノック練習でのゴロの処理は、すべてアンダースローで投げろ」

「滑り込みへのタッチは、捕ってからのタッチでなく、タッチしながら捕球するのだ」

「打撃練習は、レフトへ打ってはダメ。ライト方向へ打て（中学生野球の基本）。職員室のガラスを割れ、公狸が弁償してやるから」だった。

K高校の着任早々のK監督がスカウトに来た。ピッチャーの昭二が欲しいと言って来た。公狸は勿論OKだ。公狸はK監督へ、更に、もう一人と売り込みをした。

「小柄な昭一だが、2年間（2年3年）の試合出場で、どんな試合でも、彼は必ずヒットを打っている。貴方のご指導があれば、必ず高校野球の選手にはなれる」

と、スコアーブックを抜きながら、懇願した。

K高校野球部へ進んでからの彼の努力は、人一倍のものだったようだ。語り草は、懐中電灯を買って素振りの標的にし、一人で振り続けたという。しかも、電池を一週間で買い替えなければならなかったという。

やがて、二年生の秋には、二塁手3番打者のポジションをかち取った。県大会では、どの試合でも勝越打や同点打を打っている。甲子園大会ではホームランも打った。ソウル五輪では、韓国野球ファンに「日本はプロ選手を使っている（プロ選手に出場権がなかった）」と野次らせた。十五年間のプロ野球選手生活の記録は、6千打席で2割6分6厘、百本塁打と一流選手のランク。二塁、三塁、遊撃、一塁と内野ポジションを全てこなし、守備率9割8分、特筆記録は、全打順（1番から9番まで）での本塁打。ベストナイン賞受賞へ、オールスター出場3回の履歴が加わる。

昭一選手とは、派手なことはせず、中学生野球の基本に忠実に挑戦する姿勢が、人並み優れていたことだ。もし『公狸先生が昭一選手を育てた』と云うのならば、

「彼の秀でた才能に気づき、そして、それを懸命に伸ばす努力をする男だ」

と、見極め信じたことだろう。

さらに、小枝守先生という稀代の名監督に、彼を引き合わせたことに尽きるのだ。

公狸の戯言

日本球界の大スター長嶋茂雄の、S中時代の監督K先生と杯を酌み交わしながら語り合ったことがある。「俺は長嶋に何も教えはしない。あの天覧さよならホーマーの打ち方を、中学生選手にどのように教えるんだ」に、尽きるしかなかった。

俺たち中学野球の監督の教えることと言えば、ピッチャーの頭の上へ打ち返せ。ゴロは身体の真下で捕れ、投球は中指と薬指の間から出すのだ、ピッチングの練習なら、内外角低めへストライクを3／7球投げろ、だ。ノックを取り損なえば、バカヤロー、フライは目で捕るんでなく足で捕るんだ、が、関の山だ。もし違うものが有るとすれば、その選手に、次の世界に叶う技術を得る「天性」があるかどうか、それを得る努力に耐える「根性」があるかどうかを、見極める事が出来るか否かだ。

彼のスター選手は、公狸の「天性と根性がある」との見極めに、美しく応えてくれただけだ。

中学校部活指導者に与えられる指導報酬とは、

『出会いの喜び』『助言の楽しさ』『報恩の辞の嬉しさ』なのである。

秘話⑭　背番号18の．ウルトラスクイズ．

公狸には、こんな秘話がある。

背番号18のひ弱な選手に、サヨナラスクイズを成功させ一躍ヒーローにさせ、中学野球監督としての醍醐味を味わわせてもらった。と、いう話。

公狸がぼやいた一言は「今年は随分と粒の弱い奴らが入って来たなあ」だった。とりわけ昭一という小柄な子は、その中でも代表格のひ弱な子だった。ただ、キャッチボールだけは不格好なフォームではあるが何とか一年生なりにやりこなした。同僚のK先生と、「6年の担任によって野球部への入部は毎年左右されるものだなあ！」と、ぼやき合ったものである。

野球の練習場は、粗末な整備ではあったが校庭の隣の空き地を利用しての専用運動場である。誰言うとなく中学校の野球場と呼ばれ、農道一本を挟んで周囲には田んぼがあった。バッティング練習のファールボールは、容赦なく田の中へ飛び込む。一年生の練習メニューには『拾ったボールの数を姐御マネージャーに報告し記録してもらう』とある。

大会を間近に控えたその日の練習は、梅雨明けの兆しの見える夕暮れに近かった。薄暗くなったダイヤモンドに最後のベースランニングを終え、バックネット前で日課のミーティングの輪が組まれた。すると、ユニホーム姿の昭一がネット裏の田んぼから上がって来た。左の手にバケツを、右の手にスパイクをぶら下げ。バケツには、泥だらけのボールがゴロゴロ入っている。公狸は、

「今まで拾っていたのか」

と、驚きとも小言ともつかぬ言葉を、昭一に投げかけた。彼は、

「ウン」

と、うなずきながら、バケツから泥だらけのボールを取り出しマネージャーのお姉さんに渡そうとしている。

「命じたのか」

と、キャプテンに問い質すと、昭一が、慌てて、

「違います、何時ものように拾いに行っただけです」

と、否定した。バッティング練習が始まってから、ずっと田の中にいたらしい。優に一時間は田の中にポジションを取っていたのだろう。活着を終え分蘖も進み、穂孕み期を迎えようとする稲田のど真ん中が、彼の定番守備位置だったのだ。


そんな彼も3年生野球部員に進級した。キャッチボールは普通に出来る。緩い当たりのゴロやフライは何とか捕れる。だがバッティングは体力と野球勘に比例する。内野手の頭

上を越して外野へボールを飛ばすことは、百回振って１回だろう。公狸は昭一に、与えられたバッティング時間の５分間の全てを、バントの練習に費やさせた。「どんな球でも絶対に当てろ。届かなかったら体ごとぶつかってでも当てろ。空振りだけは絶対にいけない」と、課題化した。

そして彼は、２年生の秋から３年の夏へと、バントの練習をした。ひたすらにボールにバットを当てて転がした。内角へ食い込んでくるボールには、膝をついてバットを体の前へ突き出してボールを跳ね返す。まさに、自爆戦法まがいの、彼、昭一特有の打撃練習だ。

夏の大会の準決勝戦だった。２対２の同点で迎えた８回表、相手に１アウト３塁のチャンスを与えてしまった。スクイズによる勝ち越し得点は、敵味方を問わずグランドにいる誰にでも予想できた。だが、捕手昭二の巧みなリードは、相手のスクイズを巧みにかわし０点で抑えた。そして９回の裏、２対２の同点のまま、相手のエラーがらみで、今度は、こっちが１アウト１、３塁のサヨナラチャンスを迎えた。ネクストボックスの昭三は、ベンチの指示よりも早く、背番号18の昭一に、手に持った自分のバットを渡していた。

ボールツゥーの後の３球目、相手投手の爪先が上がると同時に３塁走者が走り出した。相手投手は慌てて手元が狂ったのか、それとも故意なのか、ボールは打者昭一の胸元へとやってくる。昭一は、膝を折ってバットを立てた。ボールはコロコロッとピッチャーの右手へ転がっていく。昭一の立ち上がった膝の下のベースへ、3塁走者の泥だらけの手先が入ってきた。絵にかいたようなサヨナラ勝ちだ。公狸の長い監督生活でも、自分の選手生活でも、この時ほど強く瞼に残っているものはない。昭一は、膝をついてボールに当てたのではない。膝を衝いて弱いゴロを打ったのだ。

終わって、審判をやってくれたK先生が、

「相手のスクイズはアウトコースへ上手く外し、自分の方は、避けたバットに上手くボールを当て、運よく上手く転がってくれたので、試合に勝った」

と、会場いっぱいに大きな声で笑ってくれた。

公狸は、

「あれはまぐれ当たりではない。打ちにいったんだ。彼は、2年間バント練習だけをやっていたのだ」

とは、言えなかった。あの一齣は、昭一少年の3年間の野球部活動の輝かしい成果なのである。あの一打一球の真価は、彼昭一だけが知っていれば良い。いな、彼と共に、3年間野球部活動に青春をぶつけ合った同輩だけが知れば良い。昭一の中学野球部の公式記録は、打数一、犠打一、得点一（サヨナラ打）なのだ。3年間の野球部生活の誇りの一打として、仕舞っておいてやりたかった。

翌日の表彰式で、優勝賞状に次いでの優勝旗を、彼、昭一の手に受け取らせてやった。部員の誰もが喜んで大きな拍手をしてくれた。彼は、中学校を卒業後、東京方面の工場に就職した。職場の野球チームで草野球をやっているらしいとは、風の噂で聞こえてきた。

公狸の戯言

体が小さく体力的・技術的には劣るが、野球が大好きだ、という子供はいっぱいいる。野球ばかりではなく他の競技でも同じだ。

中学校の部活指導者は、そんな少年にも、中学校部活選手の喜びと充実感を、与えてやらなければならない。かと言って、そのような選手に練習時間を特別に割くわけにはいかない。

そこで、公狸は考えた。昭一を中学野球ナンバーワンのバントの名手に育てようと。

あの一瞬!! 顔をめがけて飛んでくるボールを、昭一は、膝を衝いて三塁線へ転がり返したのだ。今も、公狸の脳裏には、膝をつきバットを立てた昭一が、おもむろに立ち上がりながら見せた笑顔と、白線上に転がっているボールの白い影が、鮮明に残っている。

ホームラン一打1点と、犠打一球1点と、その本質に変わりは無い。

秘話 ⑮ 私立高野球部への偽受験

公狸には、こんな秘話がある。

公狸は、私立高野球部へ偽りの受験（合格）をされて、一瞬腹が立った。が、将来、後輩への影響を恐れた公狸は、当該保護者に、自主的に謝罪の反則金を払ってもらった。と、いう話。

昭一は中3野球部の補欠選手だ。受験期なので、住み込みに近い形の家庭教師を雇っていた。公狸が担任として家庭訪問に行った時、その若い漢が家人並みの応待をしてくれた。茶菓子を進めながら、昭一の学力のことを喋りまくる。いっぱしの口っぷりで輪切り入試論などを宣わく。後日、この家の親戚筋の方に、件の家庭教師の立ち位置を考え直すよう、その日の対応の仕方を話しながら、忠告したことがあった。

昭一は、県立Ｉ高校と私立Ｋ高校とを受験した。出願に際しての受験校最終選択面接で「私立Ｋ高校を本命とし、Ｉ高へ試し受験する」

として、両高校への出願手続きを滞りなく済ませた。公立高校の受験に先立ち私立高校の受験が行われる。そして昭一は、私立の合格証書を手にして、試しに受けてみようと公立高校の受験に臨んだ。そして、合格し合格通知が届いた。

昭一は、Ｉ高とＫ高との２枚の合格通知書を手にしたのである。数日後、

「家族会議の末に公立I高校への入学と決めました」と、母親から電話を受けた。ここまでの話はよくある話だ。またやられたなと思ったが
「昭一、よく頑張ったな」と、褒めてやった。

ところが、卒業式を3日後に控えた何となく慌ただしい午後だった。私立K高校野球部から、野球部の顧問宛に、

「昭一の入学手続きが済んでいないけど」

と、督促まがいの問い合わせの電話が入った。関係教師が校長室へ集まった。

ここからが、公狸の出番である。いきさつを家庭に問い合わせてみると、私立K高校出願に際し、件の家庭教師が中学校へは内緒で受験ブローカーのような漢を介し、K高校野球部へ「有望選手の入部希望」と売り込んであったのである。中学校からの内申書には、

「野球部選手（外野手）地区大会優勝に貢献」

と、はっきり書いてあるのだから、K高校では、野球部希望欄に受験番号姓名出身中学校名を記して待っていたのである。どこの私立高校にも、入試には『スポーツ特待制度』がある。そして、親切な後援者やOB等にスカウト紛いの受験ブローカーもいる。そんな仕組みを知らない家庭教師がやったことだからと、県野球連盟公認審判員を刷り込んだ公狸の名刺を差し出して、釈明に行けば済むのかもしれない。

が、公狸は考えた、本校野球部と当該K高野球部との信頼関係は修復しない。今現在

は、本校から誰もお世話になっていないが、近い将来入学入部希望者が出るかもしれない。

「今回の汚点を、保護者と家庭教師に拭ってもらおう」

を結論として、釈明に赴く公狸の手土産に、硬式ボール数ダースを、昭一の母である自社専務の賢婦人に用意してもらった。

因みに、昭一はＩ高校へ入学した。勿論、野球部へ入るには、その技量と能力がほど遠かった。

時は流れて平成の世、当該Ｋ高校野球部は晴れて甲子園の舞台に出場した。出場選手名簿には出身中学校名が記されている。公狸は、あの時勤務し受験問題で煮え湯を飲まされた、あの中学校名を記した選手名を、一人見つけることが出来た。

公狸の戯言

高等学校のスポーツ特待受験には、素人が口を出してはいけない。

中学校の指導教師にだって、その子の将来の活躍を見通せる力を持った者は、多くはいない。

受験ブローカー紛いの素人スカウトの甘言に惑わされて泣くのは、受験に必死に立ち向かう、立志十五歳の少年少女だ。

中学校側の教師にも高等学校側の教師にも、細心の注意が必要なのだ。

昭和の教師は登校拒否を認めなかった

就学拒否権への挑戦

昭和の出席簿には、法定伝染病以外の流行性疾患には特例措置が認められていなかった。だから、三ヶ年とか九ヶ年とかの無欠席者には、皆勤表彰状が授与され、社会的価値が高かった。学校長から頂く卒業証書よりその価値は重かった。

夏休み明けの九月一日から欠席することを、二学期病とも云う。それを防げないのは教師として失格だ。それには、生徒の生育環境の把握・理解が必要だ。そこでは、守秘義務・個人情報などの語は、死語同然だ。

出席督励には「どうすれば登校拒否を解消できるか」を常に考えながら当たらなければならない。一寸としたきっかけで、長欠となり、一寸としたきっかけで、解消される。これが、登校拒否の本質なのだ。

⑯ 九ヶ年精勤表彰＝義務教育小中学校9年間、無欠席 …… 81

昭和の時代には、9年間、二千五百日余り無欠席だと、教育委員会から表彰された。

⑰ 卒業認定は学校長の権限＝匙加減 …… 84

校長には卒業・進級を認める権限がある。その匙加減で長欠生を救うこともできる。

⑱ 登校拒否転校生、九月一日に不登校 …… 88

不登校転入生が九月一日に欠席した。布団から引っ張り出して、教室へ放り込んだ。

⑲ 保健室逃避とカウンセラー …… 93

県教委の長欠対策カウンセラーに、相談に行かせた。何の役にも立たなかった。

⑳ 転校生（都心から）の登校拒否症を、一発で解消する …… 100

学担が手をやいた転校登校拒否生徒を、数回の督促家庭訪問で教室へ連れ戻した。

秘話⑯　九ヶ年精勤表彰＝義務教育小中学校９年間、無欠席

公狸には、こんな秘話がある。

ある年の卒業式で、真の表彰に遭遇した。義務教育は９年間で、無欠席なら表彰だ。「九ヶ年精勤賞」という立派な表彰状だ。通学距離の最も長い女生徒がそれを受けた。と、いう話。

公狸は、これまでに九ヶ年精勤賞を受ける姿を何度も見ている。だが今年のそれはいつものそれとはその重さが違う。受賞した昭代の家は、学校から１２キロメートルもある全校生の中で一番遠い家だ。標高３００メートル越えの山の上の家だ。上り下りの険しい坂道だ。昭代は、小学３年生までは分教場へ通った。６年生までは小学校の本校へ通った。分教場へは３・５キロメートル、本校へは７キロメートル。ともに険しい坂道だ。雪が積もれば１週間ぐらいは、氷の坂道になる。そして中学校へ進んでスクールバス通になったが、バス停までは１キロメートルの急峻な坂道。

１年間の授業日数は２５０余日（当時は週６日制）、分教場３年間で７５０余日、本校３年間で７５０余日、中学校３年間で７５０余日。９年間合計２３００日ほどになる。雨の日も風の日もという形容詞があるが、正に２３００余日だ。当時は流行性感冒による出校停止や学級閉鎖も無かった。通学路条件から公狸が推測するには、彼女には遅刻登校はあり得ない。なぜならば、遅刻登校には親の付き添いが必要だったし、スクールバスは朝の７時過ぎ１便しかない。

この苦難を乗り越えての、文字通りの「2300余日の完全登校」という、輝かしい表彰なのである。

宿直明けの静かな朝だった。プラタナスの落葉を蹴るように自転車が入って来る。2年の昇降口に手をふれて、自転車は公狸の立っている玄関口へ向かってきた。昭代が乗っている。「家の手伝いで学校へ来られないので、暇を貰いに来ました。お願いします」

昭代の語るところは、次のようである。

「隣町の親戚にお葬式が出来、父も母も行かなければいけない。幼い弟の面倒を見ながら、店番がてらの留守番をする事になった。朝飯を食べると皆は出かけるので、今、暇をモライニ来た」と、いうこと。昭代の家は小さなタバコ屋をやっている。

「分かった。クラスの先生へは言っとく。大変だけど。弟の面倒もちゃんと看ろよ」

公狸は、そう大きな声で返事をするしかなかった。

その年の年末終業式で、昭代は精勤賞を戴いた。

三話は、公狸の初めての出席督励。新任して間もない頃、先輩のG先生に連れられて、3年男子生徒の家へ行った。港近くの網元漁師の大きな屋敷だった。1時間目の空時間に誘われたのだから9時前後だろう。結果は、

「先生さん、ご苦労さん。昭一は、若けぇ者と一緒に、沖へ漁に出ちゃったよぉ!」

だった。聞けば、昭一はいわゆる里子少年だったのである。里子制度とは、養育環境の恵まれない子のためにある慈善施策によるものである。子供に恵まれない夫婦が養子同然に養育したり、自分の子供の勉強友達になどと、裕福な漁師や町工場などの主人がそれに応じていた。

昭一は、優秀な少年だった。勉強も良かったし運動も優れていた。特に仕事熱心で清掃作業や片付け仕事などは熱心で、何時でもそのサークルのリーダーを買って出ていた。数年後、その網元の主人が駅前に魚屋を開いた時に、昭一は店長代わりに諸事任されていた。

公狸の戯言

憲法26条①で「国民は、その能力に応じて教育を受ける権利を有する」。②で「保護者は、普通教育を受けさせる義務を負う」、教育基本法４条で「国民は、９年間の普通教育を受けさせる義務を負う」となり「小学校6年・中学校3年の義務教育」が、市区町村の教育委員会によって施されている。

就学義務制の発布当時（1870年代）には、国民の就学率はかなり低かった。当局はその督励・奨励に苦慮した。その名残が無欠席者への褒賞である。第2話の昭代の早朝早引けは、この就学督励思想の名残を受けての、涙ぐましい対応なのだ。第3話の里子昭一も、この法の恩恵を受け一人前の青年に育てられたのである。

登校拒否症だとか不登校児だとかの言葉は、憲法26条の文言の前に、日本の教育界からは消えてもらわなければならぬ言葉だ。

秘話 ⑰ 卒業認定は学校長の権限＝匙加減

公狸には、こんな秘話がある。

公狸校長は、不登校卒業生に卒業証書を授与しなかった。反響は大きかった。即日、2年生の登校拒否生が、祖母と一緒に校長室へ。彼の2年修了通知表には、進級印が貰えた。と、いう話。

公狸の校長室へ、二十年振りの顔見知りの初老の女性が、昭一を連れて入って来た。

「なーんだ、ちゃんと学校へ来られるでねえか」と、

公狸は昭一に向けて笑顔を見せた。彼は、ぼさぼさの坊主頭を掻くようにして、

「ウン」

と、肯いた。お婆さんは、

「ほら見ろ、校長先生は何もかもお見通しだ。校長先生、学校へ来なければ3年にしてもらえないのですね」

と、公狸が言い渡そうとしていたことを、先取りして勝ち誇ったように孫に言い放った。昭一の進級については、週明けの職員会議で、進級認定に係る一人として上がっているのだ。

「今日来たんだから、明日からも来られるだろう。終業式まで毎日学校へ来れば3年生に進級させてもらえるだろうよ」

と、昭一のぼさぼさ頭へ呟いた。昭一は、お婆さんの方を振り向いた。公狸はすかさず
「明日から、ちゃんと来られるな」

と、念を押した。

彼は、小さく頷いた。お婆さんに向かって、

「こういう子は、もう大丈夫なものですよ。帰りに床屋へ寄って、そのぼさぼさ頭を刈ってやって下さい」

と、お婆さんへとも、昭一へともつかぬ言葉で言い放った。学級担任は、

「良かったね」

と、優しく囁いて、玄関へと送り出した。

学級担任は、経験の浅いS教諭だった。昭一が休み始めたのは3学期に入って間もない頃からだった。彼女が最も恐れているのは、

「3年に進級させても、このまま登校拒否が続いたらどうしよう」

と、いう悩みだった。何度か校長室へ相談にも来た。そして、その結論が、

「校長という威厳を嵩に、子供を連れての保護者召喚」

と、いうことにあいなった。呼出しの電話に対応したのはお婆さんだった。そのお婆さんとは、公狸校長と旧知の間柄だった。昭一の叔母に当たる娘を中学時代に受け持ったことがある。その事は、昭一の家族は皆んな知っている。だから、

「私が、校長先生に頼んでやるから学校へ行こう」

との、お婆さんの約束付きの説得は重かった。


翌日、学級担任がニコニコしながら、校長室へ飛び込んで来た。

「頭をきれいに刈って、教室で友達と歓談している」

と、不思議そうに呟きながら、彼女は、

「校長室召喚を、なぜ土曜日にしたのですか」

と、けげんな問いかけをしてきた。公狸は、丁寧に答えてやった。

「普通の日に呼べば、最後に教室へ行かなければならない。長欠ということには、いろいろな要因があって登校できないのだろう。その要因の中には、友達関係もあるだろうし教科の先生方との関係もあるかも知れない。土曜日なら、そういう嫌な関係者に会わなければならない、という障害が無い事になる。これが、四十年教師の勘だろうよ」と、笑って話し答えた。


その時、昭一のお婆さんが、PTAの役員をやってくれた頃の事が思い出された。

「以前と違ってこの頃は、学校へ行きたくても行けないと言う子が増えているのです。昔のように、家の手伝いや怠惰でサボるのではなく、精神的な問題からの『登校拒否症』と、云うのがあるのだそうです」

と、生徒指導研修会の聞きかじりを滔々と述べたM先生の顔が浮かんだ。

公狸校長はその年の卒業式で、一人の長欠生に卒業証書を渡さなかった。そのことは在校生も同席しているのだから、全校生はもとより、学区中のどの家庭にもみんな知れ渡っているのだ。ただ、卒業式の日の夕方、学級担任が「奉書筒に納めた卒業証書」をその家庭へ届けたことを、関係職員以外は誰も知らない。

その三月で、公狸は定年退職だった。次年度の昭一の登校状況については具体的には知らない。ただ、彼が某高校へ合格したということを、風の便りでＳ教諭から聞いてはいる。

公狸の戯言

生徒たちにとって、校長先生とは、学校中で一番偉い人なのだ。その一番偉い人を味方にすれば怖いものは無い。登校拒否は、自ずと解消する＝ことも、ある。

教育の場には、子供と教師との人間関係が大切だ。お婆さんは一番偉い先生を知っている。ならば、その偉い先生は俺のことも知ってくれるはずだ。その知ってる偉い先生が「明日からも来られるな」と、言ったので「はい」と、返事をしてしまった。たったこれだけの細い絆が、登校拒否長欠を解消した。

教師の、家庭環境・家族環境の理解・把握は、必須の要件であり欠かせない業務だ。これを上手に生かすことが、義務教育現場の教師の仕事の一つだ。これを拒否・隠蔽しようとするなら、そこには、公務執行妨害が成り立つかもしれない。

秘話 ⑱ 登校拒否転校生、九月一日に不登校

公狸には、こんな秘話がある。

登校拒否の転入生が、九月一日に登校しないのを確認した。ベットから引きずり出して車に乗せ、教室へ放り込む、という、潜在登校拒否症に、無言説諭を試み、成功した。と、いう話。

２時間目の授業を終え職員室へ帰ると、校長さんから応接室へ呼び込まれた。

「この転校生を、君のクラスへ入れてくれ」と、言われた。

清楚な服装を着込んだ母親が、一人の中学生の男の子を隣に座らせている。転校書類を指しながら説明する校長さんの目を左に見越して、ちらっと見た母親の横顔が気になった。思わず、

「あっ、昭代さん」と、声が出た。

昭代さんとは、高校時代の同級生でバレー部のキャプテンをやっていた。明るく華麗なプレーぶりが、野球部の俺達の目を引いた。わざとボールをそらして女子のバレーコートへ、それを取りに行くのを楽しみにしていた奴もいた。その昭代さんの子供が、何故あってなのか、公狸の勤務する学校へ転校して来て、公狸のクラスへ入ろうとする。奇遇ではなかろうか。二十年振りに会う昔なじみの同窓の女性が、その学級へ助けを求めて来たということだ。まさに、駆け込み寺へ息子を預けに来た妙齢の尼さんママだ。聞けば、

「1年生の2学期頃から学校へ行けなくなって困っている。2年生の進級を期に、当地、父方の祖父母に預け、この学校へ通わせることにしたい」
と、言うのである。

教育委員会からの転入通知の生徒名や保護者名からは、母親の旧姓など知る由もなかったが、特別活動欄に野球部とある。S中野球部の監督K君とは、野球指導者としてポン友だ。早速、その日の夕刻彼の私宅へ押しかけた。本来ならば野球指導談義に華が咲くのだが、その夜は、昭一のS中での様子を詳細に聞かせて戴いた。

昭一は入学早々野球部に入り、1年生の球拾い部活を終え、夏休みに入って新人チーム編成として、選手部活に昇格した。が、昭一は家庭の事情で夏休みを父親の実家である当地で過ごしたので、ほとんど野球部の練習活動に出なかった。野球のようなチームプレーで勝敗を争う競技部にあっては、1年生の夏休練習は、その存在感を監督やチームメイトに認めてもらう、極めて大切な一時なのである。それまでは仲良く球拾いをやっていた友達と、真剣にポジション争いをやらなければならない。監督の打つノックを巧く捕った奴には補欠のポジションが与えられ、新人戦でのベンチ入りが保証される。その球を捕れなかった奴は、来年の春までボール拾いを続けなければならない。その大切な夏休みを、サボってしまったのだから、何となく野球部の仲間から疎外されるようになるのは、当然のことだ。要するに、野球という団体競技の特性の中にあって、自分の力量（技術と能力）にあった居場所を見つけることが出来ないために、ひがみから脱落の道を選ぶという形の、よくある落第生コースなのである。運動会の終わる頃には、その空気が教室にも漂い始め、学校での居場所がなくなってしまったらしい。結局、２学期後半から長欠気味となり、３学期末には、祖父母の下へ寄留、転校逃亡を余儀なくされるに至ったのである。

お茶を頂きながらの話ついでに、家庭環境の一端を把握する事もさせて頂いた。母親は、海辺のホテルの若女将、子供の教育には熱心であるが、夏休みの時期には避暑客の入りでてんてこ舞い。中学生になった昭一は、半人前のアルバイト学生、使いに出た彼と町で出会い、言葉を交わした事もあったよ、とも、話してくれた。

転校後の彼は、野球部へは入らずバレー部に入った。勉強の方も特別優れているでもなく、劣るでもなく、中の上とでも云うか、まあまあの中学校生活にすぐに慣れた。ごく普通の中二の一学期生活を無事に終え、夏休みを迎えた。前半は、バレー部の活動に人並みに取り組んでいるようで、対外試合の行き帰りや練習などで、よく見かけてはいた。

夏休み中間の全校登校日に彼は欠席した。祖父母に連絡をとったら、

「部活が終わってから、親の方へ行ったきりになって帰ってこない」

とのこと。公狸には嫌な予感が走った。

九月一日、始業式。彼の姿が見えない。始業式は全校行事だから公狸が居なくても構わない。校長の長ったらしい講話や生徒指導主任のぐうたら弁が一校時目をほとんど潰す。その間に、昭一を引っ張り出せばよい。公用車で田舎道を走れば目立ちすぎる。公狸は自分の愛車のハンドルを握った。

勝手口にお婆さんが居た。

「ほら！、昭一、先生が来られたぞ！」

と、昭一のベットへ案内してくれた。公狸の第一声は、

「何を、ぐずぐずしてるんだ！　今日は始業式だから。弁当はいらない。授業は無いのだから、鞄は空っぽでいい。すぐに着替えて車へ乗れ！」

だった。シャツの釦をぐすぐず嵌めようとする彼の手を、ポンと叩いて、

「そんなのは、車の中でやればいい。俺は、始業式が終らねぇうちに学校へ帰らねばいけねえだんに！」

が、公狸の急き立てる声。お婆さんの入れてくれたお盆のお茶を無視して、彼を車へ乗せ込んだ。学校へと引き帰す車の中の会話は、

「昨日帰って来たのか」

と、公狸。

「ウン」

が、昭一の返事。

黙したまま学校に着いた車からの降りしな、

「遣ってない宿題は、今日から三日のうちに徹夜ででも遣っちゃうんだぞ」

と、公狸は、優しい口調ではあるが、厳しく言い放った。

昭一の中2の通知表の、学年末の出欠欄には『伝テ(流行性感冒炎被感のため出校停止)3日』と、極めて丁寧に記載してやった。

公狸の戯言

生徒の転校には、学籍簿と身体測定簿が一緒に移動する。転校理由欄には「転居の為……」と、あるだけだ。登校拒否症解消の転校には、その事由を保護者から聞くしかないが、本当の事由は話してくれない。否、親も本人も、本当の事=機微なる内面の事は、分かっていないのだから。

指導要録抄本という冷たい紙面の情報は、学校という機関と機関との情報共有に過ぎない。目の前にいる子供の明日の生き方を預かる教師には、人間教師と人間教師との温かな情報交換が無ければならない。教育という生きてる現場には、「個人情報」だの「秘守義務」だのの言葉は、通用しない。死語同然の存在価値の無い遵守用語にしなければ、人間教育は成り立たない。

秘話 ⑲ 保健室逃避とカウンセラー

公狸には、こんな秘話がある。

親の過剰期待に耐えられず、保健室逃避・登校拒否へと進む女生徒を、県教委のカウンセラーに託したが何も得られなかった。愚策の実態を学校現場に知らしめてくれただけだった。と、いう、話。

昭代は昇降口に張り出された、新しい2年学級編成名簿(氏名一覧)の前で、昭美らと手を取り合ってはしゃぎ回っていた。通りかかった男子生徒に、
「公狸は、おっかねえーや。おめぇら3日も持つもんか。こっぴどいお説教食らうだ」
と、冷やかされていた。

新学期も一応落ち着き、恒例の家庭訪問が始まった。公狸の家庭訪問のやり方は、独特のスタイルを採っている。当該の生徒に自分の家まで道案内をさせ、出迎える親と一緒に挨拶をさせる。そのまま同席させ、大人(親と教師)たちが話し合うのを一緒に聞かせる。時には子供に物を言わせもしている。だから、巷間よく聞く、「家庭訪問に来て、親に告げ口をして行った」とか「親が、俺の悪口を先生に言いやがった」などと言う、悪餓鬼どもの家庭訪問無用論は、絶対に起こらない。

昭代は、近くのお寺の山門に腰かけて公狸先生の来るのを待っていた。昭代が案内した

家は、門口に大きな桜の木があってすでに満開を過ぎ、散り残した高い枝に潮風が快く吹いている。母親が慇懃な挨拶を始めると、昭代は母に言い付けられている通り、奥の部屋からお茶を捧げ持って公狸に差し出し、そこへちょこんと座りなおした。母親は、喋りつづけた。公狸と娘に向かって、自分が母親としてどう期待し、それを実現させる為の努力をどうしているか、をしゃべりまくる。まるで、公狸が身内の者であるか、昔の恋人ででもあるかのように。財産を潰してしまった叔父さんの事、夫に捨てられ出戻りになった遠縁のおばさんの事、さては、いい大学を出ていないばっかりに出世が出来ないで、出先機関をあっちこっちとふり回されている父親だのと。勉強と学歴が大切だと娘に聞かせることを前提に、自分の教育方針をしゃべりまくってくれた。そして、

「学校中で一番いい先生に教わるんだから、しっかり勉強しねぇばおいねぇよ」

と、娘の方へと言葉を向けた。昭代は、にこにこと笑顔を見せ、

「うん」

と、公狸先生の方へ目をくりくりと明るく振り向けた。

二学期が始まると楽しい運動会がある。昭代は、応援部で男の子達に交じって飛び跳ねていた。運動会が過ぎると中間テストがある。昭代にとっては苦手な部門だ。土曜日の午後だった、秋の入日は傾きかけ校舎の中まで差し込んでくる。昭代と仲の良かった昭子と昭江

が、公狸がグランドに出るのを待ち構えるように職員出入り口の陰に待っていた。

「昭代が、先日、学校休んだのは、中間テストの成績が良くなかったからと、お母さんに叱られ、喧嘩になって、ふてくされて寝ていたんだ」とのこと。

その2週間後に、実力テストがあった。昭代は、3日目の5時間目にあった英語のテストを保健室に寝ていて受けなかった。追試験をと、問題用紙を渡したが、

「頭が痛い」

と、解答を拒否した。Y養護教諭の目が、公狸の口元へ笑みを投げかけた。昭代の痛い頭は、受験欠けを1科目でも作れば総得点が出ない。そうすれば偏差値や順位は付かない。母親に叱られる根拠がなくなる。彼女らしい知恵を絞り出した『保健室逃避』なのである。

学期末の授業参観日の後だった。公狸は、授業参観の折には大方の先生方がやるような個人面接はやらない。

「個人的に話したい事があるなら、別の日に来い」

とは、4月の学級PTAで『学級担任方針』として全保護者に言渡してある。そして、参観日前日の帰りのHRでは、

「牛仔を預けた百姓は、その家の前を通る時には必ず覗き込んで、預けた牛仔の成長の様子を確かめる。もし、明日のPTAに親が見えない奴は、牛仔に劣る価値しか認めてもえ

ない子供だと、公狸が喋ったと言え」

と、締め括る。そして、授業参観の後の懇談の冒頭に、

「半日日当五千円分の、子供さんの勉強の様子を見ましたか」

と、前日の子供への戯言と照応させての挨拶をする。親たちは、目を輝かせて頷いてくれる。日当五千円とは『学級参観で休業した半日分の日当額換算額』である。この日も、

「個人面接希望の方は残って下さい」

と云い渡した。希望したのは、昭代の母親だけだった。母親は何時ものような口癖で、

「娘が怠けているのは、2年生になって友達がみんな逃げてしまったからだ」「父親が何も口を利かないからだ」「生理不順なので毎月婦人科へ連れて行きホルモン注射を打たせてやっているのに、娘はちっとも本気になってくれない」などとも、語り出した。

「何処かにいい先生はいないでしょうか」

と、家庭教師を探すような口っぷりで言い出す母親の言葉を、公狸は逃さなかった。その値千金の言葉を、絶妙に受けて、

「教育相談所という所に、娘さんのような子の相談にのる専門の教育相談の先生がいて、時間を決めて毎週相談にのり、個人指導をしてくれる」

と、今度は公狸が捲くし立てる方へと立ち位置を変えた。世間体がどうだとか、娘が嫌がりはしないかなどと、考える暇の無いようにまくし立てた。

「ご主人は、役人をなさっていらっしゃるのだから、教育相談所の窓口についての知識はお持ちのはずですから、ご理解は頂けるでしょう」

と、有無を言わさず、教育相談への教唆の方向。

「3学期の初めから教育相談の出来るよう、明日、教育相談所へお願いしに行ってきます」を、最後の言葉とし、その日の面接を終えた。


3学期に入って、昭代母娘は毎週金曜日の午後、バスで教育相談に通った。たまたま、午後から出張に出た事務職員とバスで乗り合わせた。役場前で客が降りてしまい3人だけになった。

「先生の心配りで某市の特別学習塾へ通っているのです」

と、友達や近所へのマスコミ発信と同じように事務さんに話し出した。公狸が校長や教頭と話し合ったり、指導主事と電話で連絡を取り合っているのも聞いている。まして、今日自分の出張目的の一つは、昭代の教育相談に関する学校長からの正式依頼状の提出なのだ。

「貴方の組の先生って本当に熱心な先生ですよ。良い勉強が出来るでしょうよ」

と、お茶を濁すような合いの手を打つ言葉しかなかった。


高校受験を目前にした2月の末日だった。昭代の教育相談指導を引き受けてくれた指導主事先生が校長室へ訪ねて来た。対象生徒の学校長への相談結果報告書の提出だということ。一月半ばから6回に及ぶ教育相談なるものの経過が、面談日ごとに事細かに綴ってある。公狸には、その折の昭代親子の様子が目に浮かぶ。指導主事さんの受け答えも手に取るように判読できる。どんなにかもどかしかったろうか。して、分厚い報告書の結論は、『親の過剰期待が本人の学習意欲を阻害している』とあるに過ぎない。

公狸は、校長さんに、

「教育相談のカウンセラー指導主事なんて、何の為に有るんですかね」

と、問いかける。教頭さんを交えての三人の会話は、教育行政システムへの現場的教育効果論からの厳しい評価だった。校長さんは、

「この報告書は、お前さんがいつも職員室で話している域をちっとも超えていないじゃない。指導主事へのボーナスはこっちへ呉れろと言っても可笑しくないわな」

と、笑ってくれた。公狸は、

「3年になって出させる昭代の進路希望票が、ワンランク落ちになっているかどうかを、教育相談の評価のポイントにしたいと思います」

と、率直な感想を述べて校長室を出た。親の過剰期待ということは、四月当初の家庭訪問の時の、子供と親と教師の歓談の時に如実に顕れているではないか。

公狸の戯言

昭代が、親の過剰期待から逃れる手段として、保健室逃避を考えたことは当然な手段だった。これが嵩じて、不登校症に発展していくのであろう。

昭代が、昭子や昭江など学級のトップクラスの友達と、付き合うには、学習生活や学習成績が同じ程度でなければならない。小学生では、親が宿題や予習の手伝いをしてやれば「出来るレベルの子」の仲間になっていける。昭代は、母親の丁寧な援助を受けながらトップクラスの端にいた普通の子だった。小学校からは「母親は極めて教育熱心」と、烙印があるのだ。

中学校に進み日を経るに従って、親そのものが中学校の学習レベルに付いていけなくなる。親も子も焦り、悩み、かつ落伍せざるを得なくなる。毎年どこの学校にも一人や二人はゐるものだ。加えて、部活動での体力や能力は、親や他人の手助けは望めない。今までは、親の手を借りトップクラスの仲間入りが出来たが、これからは、自分の能力に合った殻を見つけ出し、それに合わせて将来の進路を求めねばならない。自分が果たせなかったエリート校への進学を望み、やいのやいのと口と手を差し向ける。母親は、だが、時の『偏差値輪切受験』は、そんなに甘くはない。昭代の逃げ道は、否、静かな居場所は、自ずと保健室に求めるしかない。

教育行政施策に「専門のカウンセラー」という、流行り言葉がある。自称教育ママの過剰期待に応えきれない一人の女子中学生は、母娘同伴でその教育相談へ、二ヶ月ほども通った。得るものは何も無かった。「教育相談実施報告・診断書」という、分厚い綴りが校長室へ積まれただけだ。

秘話 ⑳ 転校生（都心から）の登校拒否症を、一発で解消する

公狸には、こんな秘話がある。

学級担任らが手をやいた、転校生登校拒否児を、「一発で教室へ連れ戻した」という、素晴らしい実績がある。神業のような生徒指導だと、後輩達から賞賛された。と、いう話。


公狸は、転勤先の校長室で電話を受け取った。

「○○中学校の昭代です。教頭先生、私、今日、N高へ合格しました」

たどたどしい言い回しではあるが、弾んだ声で高校合格を知らせる電話だった。

公狸が彼女と別れたのは、ちょうど一年前だ。離任式の時、公狸に小さな花束を渡してくれたのは、昭代という2年生の女の子ただ一人だった。その時、公狸は、マンモス校での教頭職の寂しさを痛切に感じた一時であり、忘れもしない。だが、公狸にとって今日の彼女からの電話は、その時の同僚教師の誰にも味わうことのできない、喜びと充実感に満ちた電話だったのである。


公狸と昭代という子との係わりは、S学担とK主任が連れ立って、

「登校督促に当たったけど、どうにもならない」

と、校長室へ泣きこんできたことに始まる。

「遣ってみてくれないかい」

校長の一言で、昭代の出席督促は、学年扱いから教頭扱いの出席督促体制へと格上げされた。

担任の案内で家庭を訪問した公狸は、茶の間に彼女を呼び出した（母親が連れ出してきた）。開口一番、

「その恰好（パジャマ）は何です。中学校の教頭先生があなたの家へ話に来たのだ。制服で出て来るのが中学生としての礼儀であり常識だろう。着替えて来なさい」

と、公狸はきつく言い放った。母親が目を丸くし、

「申し訳ありません」

と、詫び言を言いながらお茶を入れてくれた。

２・３分して、制服に着替えた彼女が襖をあけた。

「なぁーんだ、スカートの襞がピーンとしてるじゃん。夕べも寝押ししたんだ」

と、公狸は言葉をかけながら、担任らに授業があるだろうからと、退席させた。

公狸は、欠席のことについては、一切しゃべらず、前の学校（某区立中学校）のことをいろいろと聞いてみた。喋りたくないこともあったようだが、楽しい語らいになるよう、それとなくその部分を強調しながら、聞き返しなどしている。時には、懐かしげな微笑みを浮かべながら答える場面も見受けられた。こ一時間ばかり母親と三人、取り留めもない歓談を交わした。

「今日は○時から市役所へ予算を貰いに行くことになっているので、また、暇の時来るから」

と言い残して退出した。帰りしなに、

「今度、俺が来たときには、制服に着替えてお茶を出してくれるのだよ」

と、笑いながら約束をした。

このことは、今から四十年も前の話だ。転校してきた生徒が新しい学校のしきたりや友達になじめず、取り立てて嫌がらせを受けるのでもないのに、教室が住みよい場所にはならなかったらしい。俗に言う、軽いいじめ不登校とでもいうやつで、要因のはっきりしない、対処法の無い、流行り病のようなものだった。制服での対話とは、本人に『学校へ行ってみようかな』と心が開かれた時『間髪を容れずに家を出られる』ようにとの、公狸独特の手法なのだ。パジャマ姿で出て来た13歳の少女のふしだらな姿を見た瞬間、とっさに浮かんだ、公狸独特の勘から生まれた、解決手段への伏線だったのである。

3回目だったか4回目だったかの督促訪問の時だった。母親がおびえるような目つきで、

「先生方もおかしいじゃないですか。私も時には、この子が可哀そうだと思う時があります」

と、おずおずと言葉を発した。昭代の目が母の顔を見上げるようにチラッと動いた。

公狸の声が、ちょっと弾んだ。

「その言葉が欲しかったのです。なぜ、今まで自分の娘にばかり、行け、行けと、きつく言って、学校や友達にも悪い点があると、抗議の姿勢をとってやらなかったのですか。今の、お母さんの一言で、昭代ちゃんには『力強い味方がいる』ことを確認できたのです」

公狸はちょっとばかり向きを昭代の方に向け、

「たとえ嫌なことが多少あったとしても、家へ帰れば、力強いお母さんという味方がある、となれば、子供は学校へは行けますよ」

「な、昭代ちゃん！」

彼女は、いぶかしげな目つきをしながらも、

「うん」

と、肯くしかなかった。

「ちょうど給食の時間だ。午後の時間割は何だ。体操服は必要だ。教科書は無くてもいい。友達のを借りてやるから。ノートと筆記用具は自分のを持ちなさい。すぐに俺の車に乗りなさい」

と、母親の値千金の一言『学校も先生もおかしい』から、わずか数分にして、一人の登校拒否児が、涙ぐむ母親に見送られて、家を出た。


次の年の三月三日、突然、転勤先の公狸のデスクへ、彼女から電話がかかって来た。中学校3年の女の子が、知らない学校の職員室へ電話をかけて来る。どんなにか勇気の要ったことだろうか。

「先生、今日、N高の発表があって、私、合格しました」と。

受話器片手の公狸の胸は、詰まった。一瞬、返す言葉を見失った。

遠い昔の逸話だ。あの娘は、今、どうしているだろうか。あの母御は。

公狸の戯言

校長から「遣ってみてくれ」と、言われた時には、まったく自信は無かった。だが、登校拒否、不登校、長欠生が目の前にいるならば、教師は、その原因を取り除いて、教室へ連れ戻さなければならない。

パジャマ姿が出て来た時には「これでは、学校へ引っ張っては行けない」と思った。スカートの綺麗な襞を見た時に「この子は悩んでいるな」と、感じた。ここまでは、公狸の教師としての生きた勘だろう。「制服に…」と、言ったのは、その気になってから行動までの間に、『いやいや症』が再発する。不登校児を引っ張り出すには、これは最も大切なことだ。教師とは常に明るい結果を考えていなければいけない。母親の学校（教師）批判を逆手に取った。これが公狸の教師たる所以である。彼女は家庭に最愛の味方を発見したし、学校を先生を信頼するということを知った。もはや、学校に怖いものも寂しいものも無い。楽しいものを見つけるのみだ。

登校出来ない子を、放置してはいけない。隠れた原因を発見し、それを除去してやるのが、教師の仕事だ。受け持ちの子が不登校になったのなら、ご自分も不出勤になるしかない。

昭和の教師のほんとの進路指導
受験社会の表と裏と

中学生過疎の田舎町にも、受験塾の広告が織り込まれている。優秀な受験塾とは、高偏差値と合格者数だ。

中学校の教育課程には進路指導というのがある。義務教育了後の生き方の生業の選択指導という学級担任の仕事であり中学校教育の本道でもある。

世に言う、輪切り受験とか偏差値受験とかの前に、どんな職業人になるかを考えさせせなければならないのだが。マスコミ社会には、そんな余裕は無い。

学校にも学担にも、分かっているけど違ってはいられないのだ。

偏差値出願とは、極めて合理的な出願方法だ。が、安易にこれを受け入れることは、子供にとって不幸とも言える事がある。要、熟知。親も教師も。

㉑学園からの生徒に、自衛隊への進路を開く …… 107

受け持ちの子の将来設計＝自衛官になりたい＝について、保母先生と大喧嘩をした。

㉒高校受願の内申書の作成ばなし …… 112

内申書の評点とは単なる目安に過ぎない。だから作るものだ。作る作業で大きなミスを。

㉓父母たちに語りたい、輪切り受験の実態 …… 116

偏差値受験とは、誠に良いシステムだ。だが、それの本当の事を知る教師も親も少ない。

㉔志願変更を断わる女生徒一家 …… 121

志願変更とは一種の冒険受験だ。そこには、かなりの度胸と実力とを要するものだ。

㉕県議絡みの入学金の未払い．の後始末 …… 125

市井の人に受験ブローカーは無い。本当の受験ブローカー（無償）は、学級担任だ。

秘話 ㉑ 学園からの生徒に、自衛隊への進路を開く

公狸には、こんな秘話がある。

受け持ちに、学園の生徒で学業も人柄も極めて優秀な生徒がいた。公狸は、その子を高校へ進学させるべく行政へ働きかけ「就学援助年齢を延長させて、進学させた」と、いう話。

梅雨明けの午後の教室はとにかく暑い。校庭の垣根越しの道を、ビキニ姿を交えた数人の若者連れが浜辺へと降りて行く。野球部の子供らは、その一団が通り過ぎるまで着替えもせずに眺めている。ビキニ姿に魅かれてか、それとも彼らの行き先の潮の香りが恋しいのか。公狸は、開け放たれた廊下の窓から、

「早くグランドに出ろ！」

と、大声を張り上げた。そんな取りとめもないやりとりのうちに、面接の時間が始まった。

面接の一番クジを引いたのは、M昭一だった。昭一とは、公狸の勤める中学校の学区にある県の児童養護施設からの委託通学生だ。県立養護学園からは、数十名の児童・生徒が年齢相応の地元の小中学校へ通学している。その生徒の学籍簿の保護者欄には、施設長の氏名（職名なしの個人氏名）が書かれている。次の続柄欄には、措置児と明記される。だから、ＰＴＡ名簿の保護者欄は施設長の名前がそのまま記される。昭一は、学業も性格も

優秀な生徒で学級の副委員長、卓球部のキャプテンもしている。学園開設以来の逸材ということで、中学校の職員も施設学園の職員も、彼の将来に大きな期待を寄せていた。またその事を仲間の生徒たちもみんな認めていた。

公狸が彼を受け持ったのは二年生の時からだった。4月の家庭訪問（施設の一括訪問）のおり、学園の係長から「子供たちの就学は義務教育までが県の方針なので、高等学校への進学・通学は考えられないのです」と説明を受けた。公狸は、不合理だ、可哀そうだと思ったが、どうしようもないのかな、とも思った。しかし、どうにも我慢のならない公狸は、ある日、校長にも教頭にも内緒で一人で学園を訪れた。学級担任としての単独家庭訪問ですと形を整え、施設長と係長に「県に養育施策を改めてもらい、昭一君の高校進学を可能にして欲しい」と、懇願した。職場の古参の同僚教師から、馬鹿げた要望だと笑われた。

翌年（この年）の4月の合同家庭訪問の時「職員で奨学金制度をつくり、高校への進学・通学をさせることにしました」と、奥歯にものの挟まったような言い方ではあったが、「昭一少年の高校進学可能」という朗報を、係長から聞かされた。

昭一との面談に見えたのは、4月から配属になったという福祉系大学出身の若い保母先生だった。身分は県職員で、どんな資格を持っているかは知らないが、子供たちからは先生と呼ばれている。それぞれの先生は、数人の子供と寝食を共にしながら保母として一切の面倒を見ているらしい。一通りの挨拶の後、昭一本人に書かせた『進路希望票』を机の

上に置いて懇談に入った。彼女は、

「これは何ですか、初めて聞いたことですけど」

と、少し言葉を荒げた。昭一の書いた希望票には、

「第一希望は、県立水産高校の無線科、第2希望に東京都内就職」

と、しっかりした文字ではっきりと書いてある。公狸は、進路面接の時にはこんな事があるからと『進路希望本人調査票』というのを用意して、当日の朝、生徒本人に書かせ手元に用意しておく。中３一学期末の7月頃には、親と子の希望が食い違っているのは沢山あり、40人中２件や３件あるのが当たり前だった。どこの面接会場でも教師を前にして親子で言い合いの始まる光景は、しばしば見られるものだ。

昭一という十五歳の少年は『高校無線科から自衛隊へと進みたい』と考えている。４月当初の進路希望提出の時から、はっきりと申し出ている。彼の希望票を見せながら、そのことを若い保母先生に話すと、彼女は、

「自衛隊とはなんでしょう。そんな可哀そうなことはさせられません」

と、目をつり上げた。一呼吸おいて、公狸先生の出番である。

「貴方は、彼の将来のどこまで責任ある面倒を見ることが出来るんですか。彼は、自分の置かれている境遇をしっかり見つめ、将来は自衛隊で生きようとしているのでしょう」

公狸は、さらに続ける。

「私の去年一年間の進路指導（教室の一斉授業）をしっかりと受け止め、自分の自立進路・生涯設計をしっかりと立てているではありませんか。他の子たちにも昭一君の考え方・進路選択の仕方を見習わせたいくらいですよ」

公狸は椅子をちょっと引き寄せた。

「そもそも、自衛隊へ入るのが、何故、可哀そうなのですか。自衛隊とは、そんなにいけない処なのですか。悪いところなのですか。先生のような考え方は、自衛隊蔑視になりませんか」

公狸の声は徐々に高ぶっていく。教室の隅にいる順番待ちの父母のひそひそ世間話は、ぴたりと止んだ。

「園長先生ともよく相談をしてみます」

と、席を立とうとする若い保母先生に、

「違いませんか。昭一君の考えを良く聞いてみますでしょう」

と、追っかけ厳しい言葉を投げかける公狸先生だった。保母先生の後を追うように立った昭一の頬に、かすかに笑みの襞の立つのを、公狸は見逃さなかった。

昭一君は、春の名残雪がちらほら舞う日、県立高等学校無線科へ一番で合格した。春潮の香りが学園の桜の花びらをくすぐる三年後のその日、県立高校無線科を一番で卒業した。そして、岩手県の自衛隊航空基地の見習い隊員として入隊した、ところまでを風の便りに聞いている。そこまでが、中学校教師・公狸先生の限界である。

因みに、昭一君の高校進学を契機に養護学園施設の就学基準が変わり、今では、多くの子どもたちが、施設から高等学校へ通学しているのが現状のようだ。

明朗闊達にして勤勉実直なる昭一少年は、その先駆者だったのである。

公狸の戯言

中学校の教育内容に、進路指導と云うのがある。子供達に自分の家庭環境の中にあっての自分の将来を考えさせる。養護施設の子ども達の生育環境・教育歴は、おしなべて良くはない。施設の職員とは、恵まれない境遇にある子供の健全なる成長を期す、という目的と使命を持って勤務しておられるのだろう。だから、目の前の子供の、施設後の環境が、自立後の生業の基盤がどうあって欲しいかを、日夜考えるのが責務ではなかろうか。この観点からするならば、教師という職業人とその本質は全く変わらないはずだ。

自衛隊を、憲法違反だの戦争好きの集団だ、などと捉える、過剰意識に凝り固まった学生文化を謳歌してきた優等生だとしても、日本国の義務教育の場では慎んでもらわなければならない言葉だ。自衛隊員だって日本の国家公務員だ。立派な聖職だ。「自衛隊志望は可哀そうだ」は福祉士という公務員の発する言葉＝考え方ではない、と力説したいのが、公狸の本音の本音なのである。

秘話㉒　高校受願の内申書の作成ばなし

公狸には、こんな秘話がある。

新方式の高校受験内申書の評点一覧の作成で、この手の作成はお手の物だと言っていながら、懲戒免職でも食いそうな大失敗をし、再度、長時間をかけて作り直した。と、いう話。

「あっ！　失敗だ。今作った一覧表は使いものにならねえ！」

と、公狸は大声を上げた。がっくりと肩を落して見上げる時計は、6時を過ぎている。大テーブルの上に散乱している用紙をかたづけ始めていた他の面々も、公狸の次の言葉を待つまでもなく、今作り上げた『学習成績評定一覧表』の無効性（大失敗）を理解した。公狸の受け持ちの昭代に与える評点が間違っているのだ。昭代は、特別奨学金給付予約候補生なのだから、その出願時点の内申点と、同じでなければならなかったのだ。夜食の注文電話を掛ける人。換気の窓を開けながら、雲になるぞと脅かす人。一様にうーんと声を上げ、げ、のけぞった。

今年度から県教委の方針として、公立高校受験生の内申書に学年の全生徒の教科の評点〈5・4・3・2・1〉一覧表を添付して、出願高校毎に提示するようにと定められた。要するに、個人の内申書に学年全員の匿名評点一覧を添付させることによって、内申書評点の信憑性を確保しようという、巧妙なる狙いが見え隠れする方針なのである。だけど、この一覧表づくりにも盲点がある。その盲点を見つけ出すのを、公狸は生きがいとしているようなものだ。

通常、学習成績の評点は9教科に亘って学期ごとに評定し、通知票で保護者宛に配られている。学年末には、年間通しての評点を付け直し、生徒個々の学籍簿へ記載し校長に提出している。中3在学中の高校受験の内申書だから、中3総合の評点は出ていない。2学期末の通知表の評点をもとに、内申書用の評点を特別につくるのが通常のやり方だった。それを、

『一覧表にして内申書に添付せよ』

が、今年度からの県教委の方針なのだ。

昨年度までは一覧表の添付は必要無かった。内申書は特定の参考資料だからその都度、受け持ちの子どもが受験に有利になるように、多少の付加価値を与えて作成していた。評点基準が多少違っていても、合否の判定資料にはあまり影響はなかったはずだ。教科の評点の与え方には一定の決まりがある。相対評価で〈5＝7％・4＝24％・3＝38％・2＝24％・1＝7％〉の割合で、小学校1年から中学校卒業までの学籍簿に付けられているのである。そして、それを、

『学年全生徒（匿名）の評点一覧表』にして添付しろというのだから、特別作成作業をやるしかない。そして、その特別一覧表の作成過程の中で、受験校・科の合格率の難易度によって、その子の評定総点の勘案をするのは、担任教師としての機微なる人情の発露の場でしかない。結論的には、公立高校を受験しない子の評点は、１と２ばかりになる。５は、受験先とその子の教科別得点能力を勘案して振り分ける。オール５などという内申書は、絶対に作らない。せいぜい多くて４教科だ。４・３の評点にしても大同小異の数並べだ。

このようにして延々４時間、会議室に閉じこもり、精密な一覧表を今作り上げた。ところが、その一覧表に大きなミスがある。作り直しだ。一同が愕然とした一項とは、

『原本コピーを県教委へ提出』

を見落としていた事だった。公狸の学級に、特別奨学金給付予約生がいるではないか。その子の評点は、奨学生出願の折に提出した学習成績とは合致していない。奨学生予約には、高校合格・入学が大前提なので、志望校（受験校）選択には合格率に余裕のあるＢクラス校を選んだのだ。だから、今作った一覧表の彼女の欄には、５という評点が一つも無い。５と記する必要はなかった。元々取ってあった５も、他の受験生へ回してしまった。ところが、奨学生予約の出願要件は、学業成績４・３以上だった。奨学金支給出願時に

は、5を4つ付けて内申書を作成、県教委高校教育課へ提出してある。同じ高校教育課へ提出する成績一覧表の奨学生予約候補生の欄に、評点5が一つもない。これでは、奨学生予約を取り消されるのが当然だ。否、校長も含めて公狸たちは、学籍公文書偽造で懲戒免職だろう。

「一覧表の作り直ししか無い」のであった。

公狸の戯言

高校受験での内申書が、その合否にどう影響を及ぼすのだろうか。高校の先生方でも、それを適切に言い切れる方はいはしまい。なのに、教科の評価点をなぜ高校側は要求してくるのだろう。認可定員が何人であろうと、定員超過が何人であろうと、合否の決めては、ペーパーテストの得点だろうに。最後の1枠をどの受験生にするかとした時でも、決め手はテストの得点だろう。内申書の評価点が決め手になるのは、受験生の千人に、一万人に1回、有るか無いかだろう。

それと知りながら、中学校の担任にすれば、自分の受け持ちの子供に良い評点を付けてやらなければ、気が納まらない。かと言って、150点しか取れない受験生に「5」という評点をあげるわけにはいかない。

上手に下駄をはかせる事の出来る先生を「受験の神様先生」と、呼ぶのだそうだ。

秘話㉓　父母たちに語りたい、輪切り受験の実態

公狸には、こんな秘話がある

輪切り受験とは的を得た造語だと思う。だが、本当の仕組みを知らない親達が多くいるし、輪切りの価値を理解せず行使できない教師が、なんと多いことかと、嘆いている。と、いう話。

公狸は、持ち帰った進路協議会の資料を学年室に広げ、具体的な検討会を始めた。公狸主任を囲んで、M君先生、K君先生、Sさん先生の学担3人と副担のAさん先生にお目付け役でN教頭先生が加わっての受験対策会議が始まった。

公狸の進路協の報告が一通り終わると、K先生が口火を切った。

「H高校へは、偏差値幾つで合格できるのですか」

と。M先生が、

「幾つと云うのは、その年の入試が終わらないとほんとの数字は分からねんだ」

と、答える。S先生が、

「そうだよ、私も前の学校で○○点の子を合格させたけどね、今年は幾つかね」

と、あいの手を入れる。ベテランの公狸がおもむろに口を開いた。どうも今年の進路協のメンバーにはおかしな奴がいる。

「今回の偏差値ボーダーラインはかなり正確だ。各学校がこの線でやれば、去年のような混乱はない。これで遣りましょう」

と、締めくくった。だれも異論を唱えない。公狸は、

「しめた！」

と、ほくそ笑んで帰って来たヨ。何が、ボーダーラインだ！　何が、去年の混乱だ！　進路協とは、同じ地域の、同じ期の、同じ中三担任として、高校受験情報を交換し合い、自分の受け持ちの子に適切な受験をさせるエキスを得る場であろうに。協議会長とやらの、

「これで遣りましょう」

には、笑いが止まらなかった公狸ではある。

公狸のトーンが上がった。今、開いている偏差値対策検討会とは、言ってみればベテラン公狸主導の作戦会議だ。

四月から作ってある『個人別偏差値記録』を存分に活用しよう。生徒の一人一人について、一回目の模擬テストからの偏差値推移を見届け、本番での得点予測を立てるのが肝腎なのだ。その予測得点(偏差値)が、進路協の出す偏差値ラインにどう関わるかを突き詰めるのがカギだ。要は、正しい『得点予測＝偏差値予測』が出来るか否か、が、学担の腕の見せどころなのさ。

そして、その予測偏差値を進路協のラインに照合させながら説明し、本人と保護者に、

「出願校を決めさせる」

のが、学級担任の仕事なのである。よく、

「進路協のラインは、○○点だ。それを割っているから、受験してはいけません」

などと、真顔でほざく教師を見かけるけど、あんなのは学校の教師ではない。学習塾舎の、受験業師とでも名付けるのがいいのだ。受験業師とは、公狸の作った新造語ではあるが、誠に妙を得ているだろう。


『地域進路指導協議会』の大きな仕事は、域内の受験希望者に同一の模擬テストを受けさせ、偏差値を割り出して、受験者の希望校別に集計整理したものを作る。それを、各中学校の3年担任に提示して、合否予測の資料として活用させるものである。発足当初は、協議会でテスト問題を作り（各校分担作問）、協議会で採点・統計を出し、各校に持ち帰って志望校科の合格ライン検討資料としていたが、そこにテスト業者が参入して来て、それを協議会が活用しているのが実態なのである。

偏差値とは、教師なら誰でも知っている通り、受験生全員の得点分布というのが簡単な解釈だが、A高校○○点、B高校○○点というのは、そこに集まる受験生の得点分布がどうなっていて、その中にあってその生徒の得点はどの位置にあるのか、過去の入試実績か

らC高校の必要偏差値○○点、D高校なら偏差値幾つと目安が出てくる。テスト業社は、正しい偏差値割り出しにはより多くの資料提供者=受験者が欲しいので、そこに企業努力の必要性が必然的に生ずる。業社から中学校へ供される統計資料には、各中学校から希望高校へ偏差値幾つの生徒が何人いると、微に入り細に亘る数値が報告・示されている。

「それを、どう分析し、どう活用するかが、中3担任としての楽しい仕事さ」

と、一気に喋りまくる公狸ではあった。そして締め括りは、

「偏差値幾つだから○○高校へは、入れる・入れない等と、言ってはいけない。この子は、○○点取れるから、偏差値幾つの高校へ合格できるはずだと、まず、担任が断ずることが肝心だ」

と、公狸は言い切った。S先生が、

「あの子は、A高校へ入れたかも知れなかったわ」

と、呟いた。M先生は、

「得点と偏差値の関係を無視した時、スポーツ受験が成立するのだ」

と、付け加えた。K先生が、

「おれの高校受験の時の判定はどうだったのかな」

と、呟いたので、皆の笑い声が海辺の夕日に木魂した。

公狸の戯言

「偏差値が1点足りなかったので、学校が・先生が受けさせてくれなかった」と言う教育ママさんの愚痴が生まれる。それと似た会話を、電車の中で声高に真顔で喋る先生らしい方の不心得なお言葉を聞くこともある。世に言う偏差値輪切り受験の落とし話だ。

「お母さんはダメだ、先生の言い成りだ。俺が行って、ちゃんと受けさてもらう」になる。中学校に入学以来、初めて顔を見せた父親パパが、結果的には何の成果もなく、子供と一緒に無言で家路に着く。こんな光景は、受験期を前にした寒い夕暮れには、其処此処で見かけられる。それでもこれは、比較的、物分かりの良い家庭にこそ多い。ダメだ、が子供の幸せに繋がるのならそれでも良いが、多くの場合そうでは無い。担任のダメだを親のミエの裏切りに置き換える、教育ママ・パパのなんと多い事か。昨日までの厳しく優しい優秀な担任教師は、地獄の使者に変貌させられる。このような現実は、担任教師の言葉足らずの説明に起因するのだが。中にには、そんなふうに本当に思っている教師の、なんと多いことか。業者の推量偏差値を、進路協の基準偏差値を、深く分析・把握して、手元の子供の偏差値に楽しく泳がせるのが、中3担任教師の楽しい仕事であるはずなのに。

秘話 ㉔ 志願変更を断わる女生徒一家

公狸には、こんな秘話がある

今年度から、県立高校の志望変更制度が採用された。昭代にその特権を享受させようとしたが、みごと断わられた。公狸の思惑は水泡に帰した。と、いう話。

公狸の閻魔帳の、昭代の頁の最終欄には、

「出願・県立S高校普通科、但し、H高校の出願状況によっては、志願変更をする」と、はっきり書いてある。昭代の最終出願決定の条件は、H高校の競争率が1・01倍以下だったら志願変更をするということを前提に、S高校出願としたのだった。

この年度から県教委の採った「公立高校の志願変更措置」とは、受験願書の提出締め切りまでに出願した者が、志望校並びに志望科を変更しようとする場合、3日以内に志望変更願書を提出すれば、変更が認められる（変更希望校で受験できる）という制度である。とは言え、今までになかった制度であるので受験生に浸透するや否や、また、変更手続きの煩雑さなどからこれを活用するかどうかが全くの未知数であった。殊に、進路協での下馬評は全く低く、真剣に考えている中3担当教師は皆無に等しかった。

公狸の持つ独特の進路協ニュースは、公立高校出願締め切りの数時間前に、H高校の定員割れがほぼ確実に読めた。公狸は、昭代の家へ飛んで行きその旨を伝えた。両親は外へ出ていて留守だった。お祖母さんにメモを置きながら概要を説明し、志願変更をするかどうか今晩家族で相談をするようにと託した。初老の祖母にも凡その状況は飲み込みが出来、丁寧に来訪の礼を述べてくれた。

翌日の新聞各紙に県下の高校出願状況が一斉に発表された。H高校は定員割れのマイナス一人、S高校は38人オーバーの激戦受験。出勤した公狸先生を待ちかねていた昭代は、「志願変更はしないつもりです」と、きっぱりと言い切った。公狸は「そうか、分かった」と、言葉を返したが割り切れない。公狸には、今日の昼までが勝負だ。早い者勝ちだ。残った一枠を埋めれば後は誰も追って来ない。親たちの説得にと、改めて家庭を訪ねることにした。

両親と祖母の３人で、公狸の訪問を遅しと待っていた。お茶もそこそこ頭を下げた。「夕べ、家族で二時間話し合った。H高校でなくたっていい。S高校でも十分に勉強できる。H高校へ進学しようと一年間頑張ったことが、昭代の宝になっているのだからそれで十分だ。先生だって昨日も家へ来てくださるなど、昭代の将来を思って応援してくれているのだから、立派な成績でS高校へ合格しなければいけない」が、家族会議の結論だったと、一気にお婆さんが話してくれた。特に、大学受験を目前に

している高校3年の兄の、

「他の中学校でも差し替えをやるかもしれないいな」

の、一言で、家族会議を終わったのです、とは、母親の丁寧なお言葉。

公狸は、再度家族会議でもなんでも開いて、志願変更をしてH高校へ受験するように
と、懇願するように勧めたが、清水の舞台の壁は高かった。


H高校は、定員割れのままでの入学試験。前代未聞の定員割れの合格発表がなされた。

その中にあって、昭代はS高校へ上位の成績で合格した。


卒業式後の保護者同伴謝恩会の席で、昭代の母が、

「先生は、どうして締め切り前から、定員割れを知っていたんですか。夫が聞いて来い、
と言うものですから」

と、問われた。公狸は笑いながら答えた。

「教師の勘とでもしておきましょうか。企業秘密ですからね」

とは、答えたものの、本当のことを言うと、

「どう答えればよいのか分らない」

が、公狸の本音なのである。

帰り際に妻女から、

「柄は、昭代が選びました。気に入るかどうか？」

と、ネクタイを頂いた。

公狸には、生まれて初めて女性からプレゼントされた唯一の品である。

公狸の戯言

昭代一家が志願変更を断ったので、名門H高校の定員割れ受験が、歴史に刻まれた。県教委が志願変更制度を打ち出したのは、誠に時機を得た好施策だと公狸は言いたい。この絶妙な措置を、進路協なる現場が子供のために活用できないのは極めて遺憾である。志願変更の匂いというのは、極めて高価な情報なのである。

事前予測の仕方は企業秘密＝受験圏、広域受験志望者成績一覧（進路協作）の精密分析＝ではあるが、得た情報を使うか使わないかは、担任教師の心意気によるものだ。

公狸は、「企業秘密」と、戯れ口を聞いたが、その得た情報を細かく分析しきれるか、否かが、中3担任の力量の尺度となるものだ。

秘話㉕　県議絡みの入学金未払い．の後始末

公狸には、こんな秘話がある。

私立高校の入試に合格はしたが、入学金未払いで「合格失効」になった生徒がいた。理事長さんへの朝駆け直接懇願で「復活入学」させたという、特異なエピソードがある。と、いう話。

公狸が、朝冷えの応接室の時計を見上げたのは8時30分だった。恰幅のいい理事長兼校長さんは、いつもにも増した笑顔で、理事長室からのドアを開けて入ってこられた。

「何事ですかこんなに早く」

と、ソファーへの着座を勧める。公狸は、坐するを辞して深々と腰を折り、

「私の受け持ちの子の将来を是非救って頂きたい」

と、切り出した。

「去る日、御校の入学試験で多くの合格を頂きありがとうございました。ただ、その中に一人、入学金未納で失効になっているK昭一というのが居るはずです。その子の、再試験・再合格をお願いに上がりました」

と、一気に述べて、ソファーの隅に端座した。

昭一とは、公狸の受け持ちの生徒だ。今日発表になる公立高校の受験に先立ち、滑り止

めに当私立高校を受験したのだ。そして、合格発表のあったのは2週間前だった。昭一も勿論合格通知を受け取った。だが、肝心の入学金の納付を怠ってしまった。そして、本命の公立高校の受験を失敗している。そこで、

「御校で追試を受けさせ入学させて欲しい」

が、朝っぱら早くにお伺いしてのたってのお願い、というのである。

凡その事情をのみ込んだ理事長さんは、真顔に返って、

「他の中学校にもそのような例はあるかもしれない。近日中に入学説明会を開き、新年度入学生の実態を把握します。その結果、再試験の受け入れ定員が決まります。昭一君の合格は、約束しましょう。前に一度、合格しているのだから」

と。女性秘書の入れてくれたお茶椀の蓋を取るとまだ暖かそうな湯気が立った。だが、

「有り難うございます」

と、簡単に引き下がる公狸ではない。懐から〇万円入りの封筒を取り出して、

「入学許可が出た時に納める入学金の一部に充てて頂きたい」

と、差し出した。理事長さんは、

「幾ら何でもそれは早すぎるよ。そもそも公立高校の発表は今から1時間後でしょうに」

と、笑いながら、

「事務室が処理のしようが無いと言うよ」

と、差し戻そうとされた。公狸は、

「理事長さんが預かっておいて下さればいい。引き出しへ入れておいて下さい」

と、無理やり渡してしまった。

公狸は、この日、何が何でも理事長からの入学許可の確約を取り付けたかった。それには、追加入学許可条件となる、入学金の納付証があってこその成立だ。三月十五日に行う卒業式の卒業者名簿の進路欄に、

『K昭一、C高校普通科』と、印刷されなければ意味がない。ダメ押しに『領収証を』と、せがんだ。公的領収書は出せないではないか、から、公狸自身の名刺に、入学金仮受領と書いてもらい、理事長さんの捺印を頂いた。


昭一は、県立S高校を第Ⅰ志望校とし、滑り止めにこの私立C高校を受験した。私立高校の入学試験は公立高校の入試に先立って行われる。合否も決定される。そして入学資格は、合格通知に添えられている入学の事前手続き（入学金の額と期日等）を済まさなければならない。納める入学金はかなり高額である。まして、第Ⅰ志望の公立高校へ合格すれば、その入学金払いは無駄な出費になる。昭一の母親は、高額の入学金の事前納付について、某氏に相談に行った。某氏は、第一志望の、

「S高校への話はちゃんと通してある。私立高の入学金を払う必要は無い＝無視」

との、指示をくれた。

某氏とは、その県立S高校の同窓会長をやっている。そして、県議会議員もやっているのが、その、議員先生の口利きがあれば、裏口入学で無い裏口入学が絶対保障されるというのが、その頃この地方の常識的風評だった。しかし、公狸は、その裏口の裏口を知っている。その田舎の常識的風評の中にある高校側は、その類の議員先生に『要配慮の受験生リスト一覧表』の提出をお願いする。議員先生から出される受験番号付名簿は、毎年数十名に及ぶ。何もしなくとも、その内の９割は合格になる。時には、全員合格にもなる。それは、中学校での受験選択指導で定員オーバーの割合が低くなっているのだから。某有力者側にすれば、もしも一人二人の不合格者が出たとしても、その弁明説明には、

「中学校の内申書の、点が悪かったから」

と、受験失敗の原因を中学校側へ転嫁するのが常套手段なのである。それが、そのまま不合格者の父母の口をもってして、自分の中学校や担任教師の悪口へと昇華されてしまうのが、悲しいかな田舎中学校教師の宿命なのである。

だが、今回の昭一の一件は、さすがの入学請負議員先生でも、学校現場のベテラン公狸先生には太刀打ちが出来なかった。公狸が理事長室で入学金を無理に押し付け、追加入学の内諾を取り付けたのは、公立高校の合格発表の、わずか１時間前というのだから。昨晩、公狸たちは、昭一の家へ公立受験失敗を告げに行った。そして、入学金未払い・失

効を確認した。学校へ戻り先生方から○万円を借り集め、明日の行動予定（理事長に懇願し、追試験・合格取り付け出勤）を打ち合わせ、帰宅したのは、11時を優に過ぎていた。

昭一の母も、この一件では中学校教師の進学指導姿勢について、本当に感謝している。入学金が納めてあるかと問い合わせに来たのは、公立高校合格発表の12時間前の午後9時だっだ。持ち合わせの現金は、入学事前納付金の額には足らない。公狸は、

「いいですよ。学校へ帰って校長先生から借りて行きますから」

と、昭一にも軽く声をかけて家を辞した。追試験の前々日に行われた卒業式の我が子の進路は、人並みにC高校普通科と印刷してある。式後のPTA謝恩会の席で、そのことのお礼を人前も憚らず何度も何度も言う母親に、

「校長先生がやって下さいと言ったことですから」

と、繰り返す、公狸たちであった。

数日後（卒業式後）、C高校の合格許可を得て入学手続きを済ませた母親が、その足で、菓子折りを持って職員室へ報告に来られた。

「高校の事務室で頂いた入学金受領証には、精算明細書と、預り金の余剰金が添えられていました」

と、繰り返し頭を下げた。

公狸の戯言

田舎町の有力者による公立高校の裏口入学とやらは、戦後の復興風に乗って自然に霧散した。入学請負業のような者が生れたのは、中学校側の教師の業務怠惰からのものだったが。

名門私立を中心にして自然発生的に起きた受験競争社会では、入学契約金の前納制度は、私学企業の収入源として十分にその正当性は認められるのだ。高額の寄付金を受け取るケースがあるやも知れないが、そこには難関突破の斡旋行為のような物が発生してはならない。6・3・3・4制下の新制高校入試では、輪切りの表口入学が主流を占めなければならない。それを、上手に操れるのが、現場の中学校教師であり、一人一人の子供にどう適用させるかが、教師たるものの真の力量なのだ。

この世に「内申書の点が悪かったから」と言われ、臍をかまされた十五歳の少年少女や教育ママさんが、何んと多いことだろうや。

昭和の教師が語る警察とは優しい処

お巡りさんと教育現場

警察とは、怖いところだ。否、警察が怖いのではない。「法に触れる」ことが怖い事なのだ、と教えなければならない。

自殺だの家出・放浪などは、不孝・不義の絶頂だ。命の尊厳は道徳授業で説くだけでなく、日々の生活の中で知らしむべきものだ。

子供達の悪ふざけから「学校教育と警察との機微なる関係」を教わった。

十四歳ラインというものも教わった。検察調書というのも教わった。

無知なるが故の少年院送りなどは、以ての外だ。

練習試合に行く時に子供をマイカーに乗せ、スピード違反をしながら急いだのは、不味かった、かもね？

㉖ **自殺をほのめかす、読書好きな女の子** …… 133
自殺を一日待てと言って、彼女の読んだ本を徹夜で読んで、その非を悟らせた。

㉗ **戸籍「養女」に、家出を教唆する** …… 138
「養女」という女生徒に、偽装家出を勧め実態を明らかにさせ、卒業させた。

㉘ **教育ママと家出ごっこをする娘** …… 143
親の過剰期待に耐えられず家出した娘の、その親に非を悟らせ、無事に卒業させた。

㉙ **警察署長の尋問と調書の裏書** …… 150
警察の調書取りに協力させられ、警察という処の恩情姿勢を垣間見た。

㉚ **悪餓鬼連とのバイク泥棒ごっこ** …… 155
子供らがバイクを乗り回して見つかった。公狸達がバイクを隠し、難を逃れさせた。

秘話㉖　自殺をほのめかす、読書好きな女の子

公狸には、こんな秘話がある。

「ヘッセの詩集を読んでるから、死は怖くない」と、息まく女の子を「死ぬのを一日待ってくれ」と諭し、彼女が読んだという本を片っ端から徹夜で読破し、その非を悟らせた。と、いう話。

当直の夜のことであった。小使いさん（住込み）が、昭代とその母を連れて、残務整理中の職員室へ入って来た。昭代の母と小使いさんとは旧知の中で、泣きついて来た昭代の母と娘を公狸先生に引き合わせたということだ。聞けば、「娘が夕飯も食べずに部屋へ閉じこもり自殺をするんだと息巻いている。当直の先生でいいから説諭してもらいたい」

と、娘の昭代を連れて、夜の中学校へ駆け込んで来たとのことだ。当直の公狸にすれば迷惑な話だが、その迷惑な願いを喜んで引き受けるのが、公狸の公狸先生なる所以である。

昭代は、成績優秀な2年生だ。やや引っ込み勝ちの子のようだが、読書好きで校内弁論大会に学級代表で出てもいる生徒だ。事の経緯は、その日、昼休みに担任から、同級生の悪餓鬼が昭代の写真を持っていたとかで注意を受けた。それを担任が家庭に電話で報告した。帰った娘と母との口論の末、

「娘が自殺をすると喚き出したので、当直の先生にでも、叱ってもらおう」

と、連れて来た、という次第なのである。

公狸と小使いさんを前にして、母と娘の言い争いは、再び激しくなる。聞き手に回っていた公狸は堪りかねて、

「死ぬ、死ぬ、と言うけど、死ぬのはほんとに怖くないかい？」

と、優しく口を挟んだ。

「ハイ、怖くありません！　私はヘッセの詩集を読んでいるから、死ぬのなんかちっとも怖くはないです」

と、きっぱり言い返された。

「死ぬのは、明日まで待ってくれ。担任にもよく聞いてみるから」

と、公狸は何時になく真顔で約束をした。

最愛にして相憎しみ合う娘と母が、黙して語らずに校門を出ていくのを、更けゆく秋の星空が、これも黙して見送っていた。


山裾の静寂な校舎の北側にある図書室だけが、煌々と照っている。時刻はとうに丑三つの刻を過ぎている。穫り入れの過ぎた田ん圃越しに、町からも臨めるだろう。脇の街道を時折走る深夜便や新聞輸送の運転手さんには、研究熱心な先生がいるもんだと映ったか、

それとも、だらしのない当直が二階の部屋の電気を消し忘れたなと、思ったか。

公狸は、閲覧室の灯りを全部点灯させ、図書カードケースから2年2組F昭代の図書閲覧カードを引っ張り出して照合し、死の恐怖を払拭したというヘッセの本を、書架から取り出してカウンター前の閲覧机に並べた。確かにある。ヘルマンヘッセの翻訳書は、借り出し記録に記載されている通りだ。『車輪の下』(教科書教材)もある、『少年の日の思い出』(教科書教材)もある。

公狸は読み始めた。昭代が借り出しと記録にある本を斜め読みした。昭代の言う「死は怖くない」という翻訳詩を探した。片っ端から斜め読みで必死に探した。特に、詩文は丁寧に読んだ。中で、公狸の目を引いたのは三笠書房刊．石井象治訳の『ヘルマンヘッセ訳書全集』だった。なるほど、これでは「自殺は怖くない」と言う昭代の一言は、単なる脅かし言葉ではないかもしれないなと、公狸も考えざるを得なかった。

だが、公狸はふと気づいた。「死は怖くない＝安楽死」などという言葉は、詩文は何処にも書いてない。きれいな詩文の中に死を賛美する言葉はあるが「死は怖くない」という詩は、一節も無い。一遍も無い。して、巻末の年譜へ目を移した公狸は、思わず、

「勝った」と叫んだ。

作家ヘッセは、1877年生まれ、現在、七十余歳でスイスの山里に健在だ(1962年85歳没)。14歳の時に自殺未遂をやり精神病院へ療養入学。その後、回復をし、半世紀

も過ぎた現在も元気に作家活動を続けているではないか。

翌朝、登校してきた昭代を小使い室へ呼び込み、

「作者ヘッセは、十四歳の時に自殺しようとしたが、死ぬのが怖くて死ねなかったようだね。あの本は、作者が十四歳の貴女へ、命の尊厳を贈った本だぞ」

と、説明したら、彼女はしばらく考え込んで、

「ごめんなさい」

と、頭を下げた。

死の恐怖から逃れたいので、死を賛美する詩編を編む。それが詩人というものだろう。十四、五歳の知識ぶった少女に、作家の深奥が読み取れる筈はなかった。


2年後の土曜日の昼下がりだ。昭美が高校帰りの制服のまま公狸の所へ走ってきた。

「昭代が服毒自殺未遂で入院した」と。

「時間がかかるかも知れないが、飲んだ量が致死量かどうかを聞き出して来い」

と、公狸は笑いながら注文をつけた。昭美とは、昭代の1年先輩で同じ高校へ通っている。昭美は公狸の受け持ちの子で野球部の初代女子マネをやった子で、家が学校の近くなので卒業後もちょくちょく遊びに来ていた。昭代が昭美の高校へ入学した後のある日、

「昭代という子は、きっと自殺劇をやるぞ」

と、話したことがあった。この日は、その報告だった。

一週間後の土曜日に、

「やっぱり、致死量を飲んでいなかったんですって」

と、報告に来た。

「先生はなぜ分ったんですか」と聞く昭美に、

「教師の勘というものだ。俺が、そうしろと教えたのではないけどな」

と、公狸は、笑ってそれだけしか答えなかった。

公狸の戯言

この手の話はよく聞く話だ。だが「ヘッセの本を読んでいるから」と、大人を小ばかにした言い方には、腹が立った。意地でも昭代をして、母親に「ごめんなさい」と謝らせたかった。

巻末年譜を繰った時の公狸の「勝った」の心の叫びは、当時はご健在だった詩人ヘッセへの勝利宣言でもあった（本文参照）。白みかけた東の空を見上げながら「死の恐怖から逃れようとしての文学がある」と、いうことを、多感な中学生に教える必要があることも、知った。

軽々しく死の言葉を口にする子に、自殺など出来るものでは無いことも、確認できた。だから「彼女は自殺ごっこをする」と、公狸らしい予言が出来たのさ。

秘話㉗ 戸籍「養女」に、家出を教唆する

受持ちの子の学籍簿の「養母＝養女」が、気になった。高校進学時に実状を知り堕落する話をたくさん耳にする。彼女に偽装家出を勧めて実状を知らしめ、卒業させた。と、いう話。

公狸には、こんな秘話がある。

公狸が昭代の担任になったのは、昭代が2年生になった時からだった。昭代は、極めて明るくすべてに積極的な中学生らしい中学生だった。学級ではサブリーダ的位置にあり男子との交渉役のような存在にもある。バレーボール部に入り上級生にも可愛がられ、選手としてのポジションも得ていたようだ。

昭代も3年に進級し、公狸も持ち上がりの担任になった。2年の時から気になっていた事ではあるが、保護者である母親との年齢差がちょっと大き過ぎる。その母親とは波静かな内海を木陰に見透かす松林の中の、夏の海浜観光客相手に民宿兼土産物店を営んでいる。家庭訪問は公狸特有の3者同席で応接事務机での歓談だ。年嵩の母親は物腰の柔らかな、それでいてきりっとした浜の店のおかみさんだ。そして、ありふれた漁師町の教育ママさんだ。が、娘のことを話す呼び名の呼び方と娘の将来への希望めいた語り口とに、ちょっとした違和感を、公狸は覚えた。同席の昭代は「おっかさん」と呼んではいたが。

公狸は、学校へ帰って学籍保管金庫から学籍簿を引っ張り出した。昭代の保護者欄を再確認した。間違いなく『養母＝養女』とある。

高等学校へ入学すると戸籍抄本の提出を求められる。なんでも、高校の卒業時に授与する卒業証書には、正しい姓名表記が必要なのだ。そこで、入学当初から正しい姓名で就学させるために、戸籍抄本の提出を求めるらしい。その折、複雑な親子関係をもつ子が、その実態を初めて知ることとなり、十五歳の青春を、あたら挫折の道へ追い落としてしまうという事例を、いやというほど聞かされている。

期末テストの終わった土曜の午後だった。昭代と昭美・昭枝の仲良しおきゃんグループが午後の部活の前の弁当を食べている。割り込んだ公狸は昭美のサンドイッチを一つ摘まみながら、

「この中でこの夏休みに家出しようと思ってる奴はいないか」

と、軽口を叩いた。昭美がすぐに答えた。

「私、する、する。先生の家へ家出して行くから、ちゃんと匿って」

と。昭枝が、

「修学旅行で行った東北の旅館へ、行っちゃおかな」

と、続けた。昭代は、

「私は行く所が無いや、東京のお姉さんの所は、行ったことが無いから道が分らない」

と、口ごもった。公狸には、昭代の口籠る唇に、教師の勘のようなものが走った。


数日後、書き終えた日直日誌を昭代が持ってきた。呼び止めて、先日のお姉さんのことだけど、と話をきり出した。昭代の語るところによると、姉は、

「世田谷あたりのお菓子屋さんの若女将を遣っていて、小学1年生の頃から逢っていない。誕生日とクリスマスには、決まって贈り物が届く。逢ってみたいけど、おっかさんが連れて行ってくれない」

などと、不満げに語った。

「お前だって中学3年生、一人で逢いに行けばいいに」

と、暗に家出を示唆してみた。

夏休みの出校日の日だった。昭代から、

「お姉さんに呼ばれて東京へ行った。デパートで可愛い洋服を買ってもらった」

などと、この前とはちょっと感じの違う口っぷりで話してくれた。

実は、公狸は夏休みに入る前、

「昭代に家出の素振が見えるので、姉さんの所へ逃げろ、などと言ってあるから」

と、養母なる母親に耳打ちをした。それが、東京のお姉さんなる人に伝わり、お姉さんが
昭代を東京へ呼び寄せたらしかった。
昭代は、希望通りの高校へ合格し、入学し、卒業した。晴れて、市の商工会の事務職員として就職した、と、公狸は風の便りに聞いた。

中卒から十年ほど経た秋日和のさわやかな日だった。突然、彼女から結婚式の招待状が届いた。「恩師として祝辞を述べろ」との添え書き付きで。相手は建築業の二代目息子、結婚後はそこの経理事務を担当するとか。披露宴の来賓も錚々たる方々が揃っていた。開宴を待つロビーで、新婦の昭代とはかなりの年の離れた、姉なる佳人と初めて会った。

「中学生の時には、極めて懇切なご指導を頂きありがとうございました」

から、挙式への参列と祝辞依頼などの礼へと、母親紛いの極めて丁寧なご挨拶を頂いた。

「人生にとって最も幸せな時とは、人を信じている時である」

と、祝辞を結び着座した公狸に、件の佳人は、

「昭代は本当に幸せだったんですね」

と、ビールを傾けてくれた。

公狸の戯言

学籍簿の、養父＝養子という続柄の表記は見逃してはならない。まして多感な十五歳の少女に、学籍簿の表の表記は通用しない。

教師は、学籍簿の裏にある隠れた言の葉を、事の端を、拾って遣らなければないのだ。それに目を届かせることが教師の仕事だ、務めだ。この裏事情を子供に教えて有るか無いかは、極めて大切なのだ。その子の健全なる成長を大きく左右するのだから。義務教育課程の就学記録・学籍簿には、就学責任者である保護者と、履修本人である児童・生徒との、戸籍上の関係が明記されている。

その関係に複雑性がある場合には、幼少時には知らせてないのが普通だ。それを知らしむる時期というのは、義務教育終了年が最適なのかも知れない。

中学校教師は、これら親子関係を正しく把握し、年齢相応の対処を取らねばならない。

これを、個人情報だとか秘守義務だとかの美名に託け、触れずにおこうとすることは、単なる事なかれ主義であり、明らかに職務怠慢・職権放棄に相当しはしまいか。

秘話 ㉘ 教育ママと家出ごっこをする娘

公狸には、こんな秘話がある。

親の過剰期待に耐えられず、登校拒否・放浪家出までした女生徒を、自宅に預かるまでして、親を目覚めさせ、普通に高校受験をさせ、普通に卒業させた。と、いう、超苦心談。

修学旅行を終えた翌日の昼過ぎだった。登校拒否気味の昭代の母親から電話があった。

『昭代がメモを残して家出した』と、いうのだ。

公狸は、昭代の家へ詰め、友達の家へ片っ端から電話を掛けた。50〜60本も掛けたであろうか。何の手がかりも得られない。国鉄駅で確かめたら10時半の下り電車にそれらしき女の子が一人乗った、と教えてくれた。

母親から昨晩の様子を聞くと、旅行から帰った昭代は用意してあった夕飯を食べ、母と娘で銭湯へ行った。食事をしながらも銭湯への夜道でも、旅行の話を楽しく聴かせてくれた。帰り道に昭代が、

「先生に5百円借りたので返さなければいけない。学校へ行く時に頂戴」

と、言い出した。

「どうしてそんな事をするの。あした、話し合おうね」

と、その晩はそのまま寝た、というのである。

公狸から5百円借りたという件は、次の通りである。

当時、修学旅行のお小遣いの額は千円と決められていた。数年前のPTAで決められたものらしく、以後それを踏襲し修学旅行の遵守事項としていた。公狸は内ポケットに五百円札を数枚茶封筒に入れ、それを見せびらかせながら、足りなくなった時にはここから貸すから「小遣い千円を必ず守ってくれ」と厳しく言い渡した。旅行二日目の夕食時、昭代と昭美が連れだって、小遣いの貸し出しを願いに来た。二人に五百円ずつ渡してやったら喜んで受け取った。廊下で「ほんとだったね」と呟く昭美の声が聞こえた。二人がそれをどう使ったかを公狸は知らない。帰りの電車の中で、昭美が使わなかったのでと、昨晩渡した五百円札を返してくれた。そんな特異なこともありながら、子供たちにとって中学校生活最大の楽しみとしていた修学旅行は、事なく終わった。極く楽しく終わった。

その楽しかった修学旅行について「また、明日、話し合おうね」では家出もしたくなる。

次の日(月曜日)の昼休み、昭代がさっき帰って来たと父親から電話があった。父親は、欠勤して自宅待機。母親は、心当たりが有るわけではないが、東京へ探しに行くと朝から出掛けて留守。父親が普段と変わりない格好で、普段と変わりない格好の昭代に、それとなく昨日の行状を語らせていた。T駅から午後の特急に乗り東京へ行った。一昨日の修学旅行で通っただけの東京なので、何処の駅に降り、何処の町をどう歩いたのかわからない。語れるのは、ホームにある駅名でしか繋がらない。なんでも、週刊誌知識による錦糸町か上野あたりを歩いたらしい。公狸と父親とで行動推測を辿っているうち、母親が息せき切って駆け込んできた。公狸は「警察へ相談に行ったのかどうか」を、問いただした。幸い警察へは行ってない。警察へ届けたのかどうかは、今後の対応の仕方を左右する。もし警察に届けてあると、後日県教委から、状況説明報告書の提出を求められる。母親の詰問は続く。答える娘は、週刊誌の地理知識では聞き手の勝手な推測地名に、

「そうだ」

と、応えるしかない。それでも母親の詰問は際限なく続く。昭代の根性ッ張りも、ただ、

「そうだ」

を、繰り返す。そのうちに、母親が、居丈だけに娘とその父親の方へと目を向けた。

「お母さんの足の悪いのは、知っているでしょう。痛い足を我慢して東京中探して回っていたんだよ」と。

小一時間、黙って母親の詰問を聞いていた公狸は、背を伸ばして徐ろに口を開いた。

「黙って聞いていれば、あなた方の詰問はなんですか。娘を東京へ連れて行ったことがあるのですか。行ったことの無い土地の名前など、説明できるわけがないでしょう。シャツ

やパンツは、お母さんの与えたものを着ているのかどうかを確かめましたか。悪い人に合わなかったか。親切な人にご迷惑をかけていはしないか。そんなことを聞き糺すのが、親に内緒で外泊した娘に聞き糺すのが、親の第一になすべきこと、ではないでしょうか」と、言葉厳しく言い放ってやった。

「自分の足が痛かったその時に、見知らぬ土地をさまよった娘の足も痛かったろうと、なぜ、思ってやれなかったのですか」

と、声を荒げた時には、二人の親が自ずと居住まいを正した。

「机の上に貼ってある下手くそな『死』という字は、誰が書いた字なのですか」

と、指差した時には、二人の親は目を逸らした。公狸は、勉強机の壁に昭代の筆によるらしい『死』という、たどたどしい墨書を、昨日の詮索騒ぎの時に、確かと見定めていた。

「娘さんに貸した五百円のカタに、今日から娘さんを預かります。明日からは、私が学校へ連れて行くけど、如何でしょうか？」と、有無を言わせぬ高飛車な言葉を投げかけた。

「ハイ、お願いします」

迄には、二人で相談する暇も、必要もなかった。

一連のこの騒動に対する公狸の教師としての思惑と言動を分析してみる。修学旅行の小遣い千円規制を、守らせるのは難しい。学校の方針に従え、と、親や子供たちにメッセージを送った。昭代は小使い千円を守ってはいないだろう。ただ公狸に甘えてみたかっただけだ。また、同調を求められた昭美は、代表して公狸の言動を確かめただけだ。たぶん、「おら方の先生は、嘘は言わない。校長先生と喧嘩をしてでも、おら方の味方だ」と、宣伝をしてくれただろう。昭代の家出の真の原因は『また明日話し合おう』にある。楽しかった修学旅行を明日、母に潰される。そんなの嫌だと、逃げ出したに過ぎない。

公狸が学校へ引き返した時には、部活に励んでいた子供たちもほとんど居らず、校舎も校庭も静かだった。校長に概略の報告をし、

『昭代を二・三日、自宅へ預かる』

ことの、承諾を取り付けた。居合わせた先生方も、そうだなと、みな納得をしてくれた。

翌日から五日ほど、昭代は公狸の車に乗せられて登校した。クラスの友達も近所の下級生も先生の車での登下校なので、この事については、不気味で何も聞くこともしゃべり合うことも、出来なかった。

昭代がしゃべる、あの日（家出の日）のほんとうの行動とは、

「お昼前に電車でX市へ行き海岸の売店でお昼を食べた。ボーリング場へ入ったがやり方

が分からないので腰掛けて見ていた。ピンが音を立てて倒れるのを見るのは、気持ちがよかった。それから、映画館で映画を見た。売店でパンを買って食べ2度目の映画を見て終電で家へ帰った。父と母がごそごそ話しているのが聞こえたが、二階の部屋へ上がって押入に隠れて寝た。朝になって、9時過ぎにお腹が空いたので起きた」だった。

そして、次の日曜日、両親が衣服を整え、公狸の家へ娘を迎えに来た。父親は、

「子供の教育のことは母親まかせと考えていた事は、間違っていました」

と、きっぱり言い切った。母親は、

「自分が行けなかった女学校への夢を、娘の高校進学へ押しつけていました」

と、涙ながらに櫛の香も顕わな頭を下げた。そして、真新しい五百円札の入った封筒を、

「娘の貸りた五百円です。お返しします」

と、差し出された。

公狸は、じっと聞き耳を立てているであろう隣室へ向かって、

「昭代さぁん、五百円はお母さんから返してもらったぞ」

と、笑い声で帰宅を促した。

年は明けて、三月十五日、晴れて昭代は、中学校の卒業証書を授与された。式栞の卒業生の進路先欄に、M昭代・S高等学校普通科へ、と記されていた。

公狸の戯言

公狸は、受け持ちの子の家出に遭遇したのは初めてだった。だが、その原因が母親の教育ママとしての過剰期待への反撥であることは明白だ。「………明日、話し合おうね」では、昭代ならずとも逃げ出したくなる。

「特急へ乗った」と答えたら「錦糸町か？」と二の次の問い。「そうだ」と答えさえすれば、仮想行程が出来上がる。教育ママが加わってからは、その過ちが歴然とあらわれた。聞いていると、母親が娘に答え方を教えながら詰問しているではないか。親元を離れ一夜を過ごしたその過ごし方よりも、「家出という暴挙の原因」を、確かめることが肝心だ。あの部屋には、教育ママと放任パパの、典型的な姿だけしかなかった。『死』との、下手くそな墨書のメッセージを読めなかった「ママの罪」であり「パパの失点」なのである。

「娘に貸した銭のカタに、娘を預かる」という暴言に近い言葉に、ママとパパとが迷う暇もなく承諾した。その時に、昭代という一人の女子中学生は、解放されたのであった。

秘話㉙　警察署長の尋問と調書の裏書

公狸には、こんな秘話がある。

警察署で、受け持ちの男子生徒が調書を取られるのに立ち会い、「生徒が、悪者にされている」と、口を挟んで、署長さんを怒らせ、大慌てをした。と、いう話。

公狸が所用で出かけた休日の夜だった。その日の日直の女性教師から電話があった。
「今日、お昼頃えらいことがあった。隣の中学校の生徒がうちの体育館へ遊びに来て、卓球部の練習に加わっていたら、その隣の中学校のいかない奴が来て、その子と喧嘩になり怪我をさせ、警察沙汰になった」とのこと。「うちの生徒は誰も関係ないから、何ともなかったけど」と、言うのだった。なんだか奥歯にものの挟まった言い方だったが「関係ない」と言うから、いい加減に聞き流しておいた。

翌日、学校へ出ると駐在のお巡りさんが校長室へ来ていた。公狸のクラスの昭一がその事件に関係している。
「調書を取らせて頂きたいので、署まで連れてきて欲しい」
とのこと。公狸は、昭一を自転車の後ろへ乗せ、3キロ余りの道程を警察へと走った。公狸は、傷害事件にかかわって調書を取られるというのだから、教師が事前にとやかく状況を聞き糺すことは不味いと思い、何も触れずに自転車を走らせた。

署は幹部派出署と云い出張所のような格の署。尋問の対象者が中学生のことだからという配慮で、署長さん自らの尋問だった。言葉遣いは丁寧でこそあるが些細なことまで細かく説明を求める。肝心なところへ行くと、

「こうだったな」

と、答えを強要するかのような聞き方だった。中学2年生では泣きたくなってしまうような言葉のやり取りもあった。昭一は、少ししぶとい奴だから泣き出しはしなかったが、小さな声でちょくちょく反問はしていた。

要するに昭一は、刃物で怪我をさせられた被害者の中学生が隠れている所を、加害者の中学生に教えた、ということが、署長さんの尋問の主旨らしかった。2時間にも及ぶ大人と子供の言葉の遣り取りだ。そして、昭一の応える一語一語が、警察官のペンによってものものしい罫紙に書き留められていく。最後に、署長さんが、

「書いた調書を読むから聞いていろ」

と仰って、読み始めた。そして、最後に、

「この通りで間違いありません、と自署しろ」

と、言われた。何だか一方的に官憲の言葉で書き上げてあるような文言だったので、つい、口を挟んでしまった。

「署長さん、それではこの子も悪いことをしたみたいではないですか。この子は、ただ、彼を呼びに行っただけ、ではなかったのですか」

と。すると、署長さんは黒縁の眼鏡をたくし上げるようにしながら、

「分かりました。それでは、初めからやり直し、しましょう」

と、今書き上げた調書を破こうとまでされた。

あとで、よく考えて見ると、当事者（喧嘩の加害者の他校の中学生）の供述の中に、彼、昭一の名前が出ている。だから、

「私は、事件には直接かかわりはない」

と、昭一からの供述を聴取するのが警察の目的だったようだ。

昨晩の電話で、

「えらいことがあったけど、うちの生徒に関係ない」

などと、わざわざ電話をくれた女性教諭には、腹が立った。この頃は、まだテレビのサスペンスドラマなどは普及していない。放送劇「鐘の生る丘」が電波の世界を風靡していた頃だ。官憲・検察の供述調書とはどんな物なのか、そこに記される一つひとつの言葉に、どんな意味や効果があるのか、など、知る由もなかった。

帰りに派出署を出た角のお菓子屋へ寄りキャラメルを買った。公狸も一つ口に入れ、後は昭一に渡しながら「教室では食うな」とクギを刺した。

後に、成人した昭一が、

「あの時、先生が署長さんに抗議の言葉言ってくれたので、俺は嬉しかったよ。でもさ、怒った署長さんも帰りには笑っていたね」

と、言って、二人で高笑いをした。


２件目は、２年前に受け持った昭二というまじめな生徒の一件だった。昭二は、警察のお世話になるような子ではない。その日、電車に乗り遅れそうなので母のバイクを自分で運転して駅まで行った。帰りに、警察に捕まるといけないからと駅の裏通りを通ったら、たまたま通行禁止時間帯に引っ掛かり、無免許運転もバレてしまった、というのだ。昭二は、高校へ進学しても剣道部を続けている。朝練の時は、早い電車に接続するバスがない。父に車で送ってもらうしかない。いつの間にか、バイクへ乗れるようになった。この日は、親達の都合でバイクで駅まで出たのである。事情を聴いてくれた親切なお巡りさんは、母に借りたとは言えないので、隣家の道端に廃車同然に打ち捨ててあった車を、拝借した事にしてくれた。親は、同居の子供が無免許であることは知っているはずだから、この場合は無免許運転幇助罪に問われることになる。仮に、同居の子供が親に無断で乗ったとしても、車一台盗まれたのだから盗難届を出さなければならない。このように複雑な条件下での道交法違反になるのを避けて、軽度の置き引き窃盗罪にし、情状酌量をと添書してあるとの事。

高校生昭二少年は未成年者だから『家庭の保護監督能力の有無』を、地元中学校長として『家庭に保護監督能力は十分にある』と進言して頂くために、件のような回答書をお願いしているのです、とは、親しくしている地元の警察官が丁寧に説明をしてくれた。

元担任の公狸先生は、回答書に謹書し、恭しく学校長の公印を押して戴いた。

公狸の戯言

この時初めて、「学校教育と警察の機微なる関係」を知ったような気がした。警察は、決して怖いところではない。否、とても怖いところだ、子供たちにとっては。その、怖い警察を、上手に活かして怖くない警察にし、生徒指導という、教育の場に持ち込む事が出来るか、どうかが、教師の裁量にかかっている。

二件目の種《たぐい》の回答調書を開封する時には、少なからず緊張した。「何で彼の生徒が」が、まず走り、どう書けばが後を追った。「情状酌量を前提として」に、少年の非行というものに対する、我が国の警察の、本当の姿勢が理解できたような気がした。

怖い警察からしても、学校の先生は、子供の生活環境を熟知して日常の生活指導に当たっていると、捕えてくれているらしい。交通違反でやかましいお巡りさんの顔相が、変わって見えるような気がする。

秘話 ㉚ 悪餓鬼連とのバイク泥棒ごっこ

公狸には、こんな秘話がある。

小説のような話だが、悪餓鬼連がバイクを盗み出して遊び回わり、警察に捕まりそうになった。先回りしてそのバイクを隠し盗って、悪餓鬼どもを警察の手に渡さなかった。と、いうお手柄？ 話。

勤労感謝の日を含む連休明けの朝だった。公狸が教科書を片手に学年指導室を出ようとしたら、外からドアが引き開けられた。M先生が、いつものチビ餓鬼昭二の首根っこを押さえながら廊下を引きずるように入って来た。聞けば、善良なる悪ガキ連がバイクを盗み出し乗り回していたところ、運悪く・運良く、パトロールのお巡りさんに捕まりそうになり、細い路地を逃げ隠れして逮捕は免れた、との事。

公狸は手慣れたもの、

「お巡りさんに顔を見られたのか？」

昭二は、

「離れていたので顔は見られていません」

と、おずおず答える。公狸は立て続けに、

「服装はどんな格好をしていた？」

「皆んながジーパン姿でした」

とは、昭二のふるえ声。

「何だ、皆んながいるのか、皆んなとは誰と誰だ」

とは、公狸の急き立てる問い詰め。

「ハイ、昭一と昭三と昭四郎です」と答える。

「馬鹿、誰と誰だなんかは分ってる。そいつらの服装を聞いているんだ。皆んながジーパンだったのか、どうかだ」

「お前はうんまく逃げたんだろが、他の奴らはどうしたんだ、お巡りさんに名前など聞かれているのか？」

「ううん、お巡りさんが、僕を追っかけてる間に皆んなは逃げたので、誰も捕まってない」

「そうか、分かった。さっきお前は仲間が３人のように言ったけど、昭五はどうした。昭五は居なかったのか」

「うん、昭五は、昨日は遅くなると言って、その時はいなかった」

「馬鹿、そんなら一緒じゃねえか」

「今お前は、昨日はいなかったと言ったな。それでは一昨日はいたのか」

「はい、いた」

「なんだ、お前たちは、昨日だけでなく前から何回も何回もやってんだ」

と、公狸の脳裏には、昭二のそれとは確かに違う、熱いものがほと走った。

公狸はM先生と目配せを交わして、

「よし！　このことは誰にも言うな。教室でも親にもだぞ。たとい、校長先生に聞かれても、公狸に話した通りですと答えろ」

と、厳しく言い聞かせ、校長室へと向かった。

下り階段を一段一段踏みしめながら公狸は考えた。数年前の前任校での警察と生徒とのかかわりが一つ一つ鮮明に浮かんでくる。中学二年の悪餓鬼では、制服の警察官には一たまりもない。警官の作文方向に言い訳でもしようものなら、そのことが全て瑕疵罪状にされてしまう。この件とは全く関係ない学校内外での生活も吐き出させられ、納得のいかないお小言も食わなければならない。ましてや、バイクを盗んで乗り回したのだから、純然たる窃盗罪が成り立つ。そして、無免許で農道や路地を走り回ったのだから、無免許の道路交通法違反もくっ付くだろう。親のバイクで駅へ行き道交法違反で捕まれば、親もバイクの盗難届を出してないからと、その責任を問われる。そんなご時世での餓鬼等の悪遊びだ。彼のバイクの持ち主がどのような方かはわからないが、盗まれた盗難届の未届けや車両管理の不適切などで、お小言や始末書などを取られることにもなるだろう。公狸の細やかな甘い期待は、被害者が盗難届を出してないことを、祈るのみだった。

校長に悪餓鬼どもの乱行概要を報告している間、M先生には、バイクを隠してある所と、その盗んだバイクの持ち主の家の地図などを聞き取っておくよう、対処法の分担を決めた。

スーツ姿でなく、スポーツ着でなく、古ぼけた作業着を借り合わせた二人の教師らしからぬ教師が、調達してきた軽トラに長靴姿で乗り込んだ。公狸は、隠してある盗んだバイクが警察の手に渡る前に、回収してバイクの持ち主に返してしまうのが第一だと、M先生と基本方針を確認し合って、悪餓鬼どもの喋った地図に従って茂みの路地へ入って行く。

一台目はすぐに見つかった。町はずれの丘の上にある古風な小さな社の縁下に、ぼろ茣蓙を掛けて隠すとはなしに隠してある。車はかなりの経年のものでナンバーは付いていない。仲間ではない同級生の家の車で、そいつから貰うようにして盗み出したものらしい。2台目は消防小屋の裏の軒下にぼろシートを掛けて置いてあった。この車の方が先の車よりやや程度は良いように見受けられたが乗り心地はどうだろうか。勿論、ナンバープレートは引き千切ってあるので持ち主は当然分からない。3台目がなかなか見つからない。冬枯れの畑の中の農道とも市道ともつかぬ小道を、可笑しなおっさんの運転する軽トラが荷台をシートで覆って行ったり来たりしている。時折り地図のような紙を広げあっちこっちと指差しながら話し合っている。畑の遠ち近ちには時折顔見知りの人が仕事をしているのだが、道を尋ねることもしない。むしろ、その人たちと目の合わないように真っすぐを向いたまま、スピードを上げて通り過ぎて行く。餓鬼らの書いた地図を頼りに走っているのだろうが、真っすぐ東へ向かった車が引き返してきて、斜面の市道を右へ折れた。

茂みの切れ目に丘畑とは異なる冬枯れの田園が開けた。その右端の小高い所に農業用の湖沼ダムのようなものが見えた。峠から見下ろす谷津田の入り口の芒の陰に、バイクの尻らしいのが見えた。軽トラは躊躇うことなくぬかるみの農道へとハンドルを切った。そこは、学区からはかなり遠い隣町の農耕地だ。後で問い質したものではあるが、昭二がお巡りのパトカーを巧みにかわし、市外の此処まで逃げ隠れた、という事らしい。彼は、その茂みにバイクを隠し、今来た道を引き返したのではパトカーに捕まるといけないので、その町の市街地までトボトボと歩き、電車に乗って帰って来たというのだった。

「あいつ等の遊園エリアは、こんな処まで広いのだあ！」

と、二人で呟きながら、３台の古バイクを積んでる軽トラは、学校へ引き上げた。

幸い、授業中の校庭はひっそりとしている。プールの管理庫の裏口はブロック塀が裏の道路からの覗き見を遮断していてくれる。餓鬼連の大将昭一をプール管理庫へ呼びつけ、車体を確認させたら「もう一台、海岸の堤防の陰に隠してある」との事。彼の口述を頼りに探しあぐねて軽トラの止まった先は、防波堤が松林に突き刺さり、堤防の終わりを示す境目の所だった。前の３台よりはちょこっと奇麗で、ナンバーを引き千切ったあとをあらわにして堤防の端に押しつぶすように立て掛けてあった。ナンバープレートは、沖の方へ投げ沈めたと云うことだったので、探しもしなかった。後で聴き質したのだが、この車が最初の一台で、海岸まで乗りに行くのは遠すぎるから家の近くの方にしようと、遊び方を考えた、ということらしい。

10時ごろ警察から「今日の欠席者の状況は」と、電話がかかって来たそうだ。応対には教頭が出てくれたが、校長から緘口令が出ていたので、

「欠席者は1年生に2人、2年生に1人、3年生に1人」

と、よどみなく答えてくれたとか。もっとも、関係学級の担任しか概要を知らなかったのだから、教頭の答える姿勢は然るべき応対だったと言えるのだ。その後、警察からは3日待っても1週間経っても、何も言って来ない。悪ガキメンバーは極めて真面目に勉強をしている。遅刻もしないし部活もサボらない。教室で大声を出すこともなく給食も行儀よく食べている。公狸を始め、M先生もK先生もS先生も誰もが彼らにはこのことは何も言わない。何時もは、生徒らと気さくに語り合う校長も何も言わない。彼らにすれば、ただ、不安と戸惑いの日々を連綿と過ごすしかなかったのであろう。女子体育のO先生が、

「プール倉庫にあるぼろくそバイクが例のものなの」

と、言ったのが、卒業式前の大掃除の日だった。

年度が替わって、彼らは3年生に進級した。公狸もM先生もK先生も3年への持上り担任だ。ある日、体育主任のM先生が改まった口調で腕を組んだ。

「そろそろプールに水を張るので掃除をしなければならない。天窓だけが知っているあのバイクをどうしたもんだね」と。

「そうだなぁ、そろそろ片付けようか。警察も何も言って来ないようだから」

とは、公狸の生返事。

連休初日の夕暮れ時、公狸とM先生とが借りてきたワゴン車の後部座席へ、例の4台の古バイクを押し詰めた。そして、丁寧にシートで被い隠して人気のないことを確かめ、校門を滑り出た。


【後日譚】

彼らは、二十歳の成人式の日に、母校近くのホテルで祝賀同窓会を開いた。大学へ進学し勉強を続けている者。短大・専門学校を終え職場で働いている者。国鉄職員養成所から某駅へ配属になり、同級の女子学生とちょいちょい会うなど、様々近況報告など交わしながら、皆んな嬉々としている。件の悪餓鬼5人組もそれぞれ立派に成人し揃ってこの宴に参加している。昭吾は大工見習を終え職人となったらしいし、昭三は溶接見習い工で頑張っている。その昭三がどうやらこの同窓生の中での最高所得者のようだ。昭一が、

「おれ、先生にスポーツ特待生で高校へ入れてもらったたっけんが、1学期で中退しちゃった。ごめんなさい」

と、80キロ近い垂れっ腹に頭を折った。

M先生・K先生にせがまれるままに、あの一件での『公狸先生の洞察的言動を語る』を余儀なくされた。第一は、警官に顔を見られているのか、いないのかが、大きなカギだったのだ。狭い路地をパトカーで追う警官が、顔や服装をはっきりと見極めることが出来たかどうかだった。次は、車の持ち主が盗難届を出しているのか、いないのか、だった。盗難届が出されていると、警察は、昭三の乗っていたバイクを盗難車と見定めて徹底的に追ってくるだろう。近頃は、得てしてバイクが無くなっている事に気づかずにいる場合もあるし、どうせ届けても車は返って来やしないと、諦めてしまう人が多い。そうあって欲しかった。第三に、警察とは親玉実行犯を一人作り、他は誘われて一緒に居たぐらいにして、辻褄を合わせるのが落ちなのだ。特に、14歳と14歳未満では、刑の度合いが違うのだからな。

「あの時、14歳になっていた奴と、いない奴がいたはずだ」

公狸の笑顔に、昭三がスッ頓狂な声で答えた。

「もし、あん時、公狸さんが俺らの先生でなかったら、昭一は今頃、少年刑務所にいるんだ」

負けずに、昭一が、

「あんことバラしちゃうから、お前さんだって鑑別所だんね」

「あの事って何だ何だ」

と、聞き返すM先生に、

「えぇ、それは企業秘密です」と、混ぜっ返すスーツ姿が最も似合う、昭吾の真顔。

公狸の戯言

この小咄は、小説のような説話として読み流して頂きたい。

彼ら悪餓鬼連より、俺たち教師連の方が必死だったのだから。バイク探しに外へ出たM先生や公狸よりも、残って他の生徒に要らざる動揺を与えないように気を配って下された、校長とS先生K先生には、本当に頭が下がる。さぞ、気骨が折れたであろう。

ウチの悪餓鬼がバイクを盗み出して乗り回したということが、警察に知れてしまえばこっちの負け。「警察より先に盗品を持ち主に返してしまわなければいけない」。餓鬼どもを連れて回れば回収は早いが、地域の人々に見とがめられる。お巡りさんの聞き込みはいつ来るか予想もつかない。校長さんが休み時間に全職員を校長室へ呼び集め、緘口令を出してくれたとか。極めて適切なご処置だったと思う。餓鬼どもが俺たちの顔色を伺うように、俺達がお巡りさんのパトカー来校を恐れていた。

考えてみれば、俺達も盗人同然だ。盗品を回収はしてみたものの、その措置には困った。返品に行くのは自白と同じ事ではないか。とっさに思い付いたのは、プールの機械庫だった。何時もは閉めっぱなしだ。それだけではない。校長職権で警察の立ち入りも、拒否出来るのだからな。公狸先生の述懐は続く。最も恐れたのは、「首謀者を一人にし、あとを説諭処分とし」幕引きにされる事だった。少年刑法14歳ラインがあるからな。

よく考えてみれば、

「俺たち教師連も窃盗品隠蔽容疑で逮捕・起訴、されなければならなかったのかも、な、」は、M先生やK先生と膝を交え、昔の幼餓鬼連とジョッキを傾けた時の、語辞である。

公狸の教師の講話は生きていた

公狸校長自身の卒業式式辞

平成五年三月十五日、公狸は、四十年の教職生活の、自らの卒業式を行った。公狸先生はこの日を四十年の教職生活で、忘れられない第二の日としている。忘れ得ぬ第一の日とは、言わずもがな「俺は若い、君達も若い。若さの競争をしよう」と、叫んだ、昭和二十八年四月一日の事だ。(㈠参照)この日を第二の忘れ得ぬ日だ、という公狸の言い分とは、式が終わって卒業生の一人が「校長先生の内懐に有るさっきの式辞の原稿をください」と、強請られた事なのだ。

さて、その強請《ねだ》りとられた式辞原稿とは。

秘話㉛　強請《ねだ》りとられた式辞原稿

《田子の浦ゆ打ち出てみれば真白にぞ富士の高嶺に雪は降りける》

この和歌は、万葉の歌人山部赤人が、今から1200年前に、この地浮島の沖合で詠んだ歌だと伝えられています。

当時の本街道は、三浦半島から船で浮島を目印に勝山へ渡り、長狭郷から上総へ入り、久留里から養老川沿いに千葉へ出て、利根川を渡り筑波から、水戸方面へ抜けたようです。赤人は、今の東金在の出身です。おそらく、郷里から都へ上る途中で船待ちをし、この田子台遺跡に一泊し、翌朝、船で三浦半島へ向かったのです。そして雪を頂いた富士を仰ぎ見て、思わず詠んだ長歌なのだと思います。君達が三年間美しい景観の学校だと喜んで勉学にいそしんだこの土地は、太古の昔から日本一の素晴らしい景色の母校だったのです。もっともこの事は、駿河の田子の浦論もありますが、本人以外は誰にも本当のことは分かりません。だから、故郷を愛し母校を愛する者にならば、赤人がこの歌をこの地で詠んだものとして誇りに持つことは許されるはずです。歴史は生きています。悠久なのです。不詳なら不詳ほどその価値は高いものです。一見、辺境の地と云われる田子の台にも、文化があり教育があったのです。君達は、その歴史を受け継ぎ三年間学んだのです。なんと幸福な事だったではありませんか。

君達の本校での中学生生活は、悠久なる歴史に恥じないさらなる素晴らしい歴史を作りました。そしておそらく、永遠に語り継がれることでしょう。明るく爽やかな活力にみなぎる校風づくり。英知を求めてのひたむきな勉学の心。どこへ出ても恥じることはありません。何人にも臆することはないのです。次なる社会に、胸を張って生きて欲しい。

考えてもみたまえ、あの見ず知らずの信州の山野に散って、自分で作った旅行プランで修学旅行を成し遂げた底力。これこそ英知を集めてのプランであり、一糸乱れぬ協和の実践であり、喜びを分かち合う思い出を生み出せた成果なのです。そしてこの自主自立の精神が運動会の熱狂的団結を呼び、優雅な文化祭を作り上げたのです。また、卒業生の誰もが新しい教育システムのパソコンを打てる、ということは、安房郡下にはどこにも見当たらない近代レベルの中学生のはずです。さらに最後の進路への挑戦は、実に見事なものでした。比類稀なる成果を得られたことは、すべて君達一人ひとりの努力と精進に因るものなのでした。

二十一世紀を迎える日本は今大きく変わろうとしています。求める豊かさの多様化を旨として、一人ひとりの個性が尊重される世となるのです。すなわち、今までのような学歴偏重の世ではなく、多様な生き方が尊重される実力本位の社会です。実力がなければこれからの世は生きられません。そして、その力とは、国際的視野に立っての物の考え方が出来るということです。国際感覚を身につけるためには、何も外国へ行かなくてもいいのです。日本からの世界でなく「世界の中の日本」として見ることが出来ればよいのです。常に国際社会を見渡しての生きる知恵が要求されるのです。

次に大切なことは、義務教育を終えたから、大学を卒業したから勉強が終わりだと云うのではありません。一生勉強を続けなければこれからの世は渡っていけないというのです。処々に学習あり、日々に研鑽ありです。

このように君達の前途には、多難な人生行路が控えているはずです。時には楽しい一時もあろうし、打ちひしがれる悲しい一時もあろう。そんな時にはこの学び舎へ訪ねて来るがよい。活気に満ちた街並みや、ロマンの漲る東京湾が一望の下だ。大黒山の小城もあれば、勝山平野もある。津辺野の山並みから、伊予ケ岳、人骨山など、心をいやしてくれる母なる大地があるではないか。佐久間川の清き流れは、勝山の浜辺に注ぎ、浮島の岩根を洗って世界の国々に流れ着く。なんと、美しく雄大なる我が故郷ではないか。

君達の卒業記念アルバムに『田子台に学び四海を望む』と餞の言葉を贈らせて頂きました。君達の三年間の生活を称え、かつ、これから続くであろう六、七十年にも及ぶ君達の長い人生に期待しての言葉です。冒頭に述べた山部赤人の「富士を望む歌」の心はまさにこの事ではなかったでしょうか。田子の浦から君達は世界の大海原へ船出する。そして、振り返る富士の日本は素晴らしく気高い。一人ひとりがこれを受け、己の人生を誇れる和歌を作って欲しいのです。

母校を愛し友を愛した君達が惜別の情去り難く、涙を堪えているのは分かりすぎるほど分かります。しかし、今義務教育を終えた君達には、やがて祖国を担い郷土を作らなければならないという、責務の有ることを忘れてはなりません。諸君の多くの者は進学の道を選びました。学問を修め身を立てたら故郷に帰り新しい故郷を作って欲しいのです。老いたる里人でなくエネルギッシュな若い力を、君達の故郷は欲しているのです。どうぞ、素晴らしい故郷に育ったことを誇りとして、国際社会に羽ばたく人間として、故郷に錦を飾って下さい。

そうすることが、今日の来賓の方々へのお礼であり、師への謝恩であり、親への孝養なのです。そのことが、君たちの今日の日の為に、ご多忙のなかをご臨席を賜った来賓の方々へのお礼でもある。頑張って欲しい。

〈来賓に向け、ご臨席のお礼を卒業生に代わっての辞で述べる〉

次に保護者に一言申し述べます。九年間のご養育ご苦労様でした。そのお喜びには一入のものがございましょう。私どももこの三年間、ご期待に副うべくあれもこれもと思い馳せたのでありますが、行き届かなかった点が多々あったと思います。世の習いとは云え申し訳なく存じます。ただここで言いたいことは、この子供たちにとって本当の教育とはこれからです。ご自分の未熟な子らに、人生を語ってやって下さい。本当の生き様を教えてやって下さい。人を愛し自然を愛で、逞しく成長を続けるこの子らに、厳しい慈しみを限りなくお与え下さることをお願いしながら、愛しき子らを、お手元へお返しいたします。

今一度、卒業生諸君よ。

澄み渡る安房の入海（校歌）を抱く故郷の海山こそは、永遠に変わることなく諸君の行く手の心の標だ。栄光の鋸南第二中、第33回卒業生よ！　力強く羽ばたけ、世界へ向けて！

鋸南二中（鋸南中学校閉校記念誌より転載）

《田子の浦ゆ打ち出る子らに幸あれかし富士の高嶺の雪よりも清く》　孟史詠

諸君の限りない前進と、幸多きことを心から祈念し、偽作一首を添え式辞といたします。

公狸の戯言

公狸が校長室へ帰ると、入り口に昭一君が待っていた。公狸が椅子へ腰掛けるのを待って、直立不動の昭一君は「校長先生、さっきの式辞の原稿を下さい」と言う。「卒業式の栞に書いてあるから、帰ったらお母さんから貰えよ」と断ったら、「違うんです。先生の内懐に入っている、その原稿が欲しいんです」と、重ねての懇願だ。懐から取り出した原稿用紙の式辞稿に「祝卒業・田村昭一君へ」と、包み紙に添書きをし、改めて「卒業おめでとう、お母さんにもよろしく」と、送り出した。この昭一少年こそ、公狸校長の四十年の教職生活の終を、見事に祝ってくれた一人の卒業生だったのだ。

隣の応接室で聞耳を立てていた、来賓のF議長さんから「校長さんの式辞が素晴らしかったからですよ。今年の卒業生は幸せだよ。私達だって感激しましたよ。まるで大学の卒業式に臨席してるみたいだったもんね」と、鄭重なお言葉を頂いた。

たしかに、公狸校長の式辞は、静謐なるうちに流れ始めた。窓越しに見える、弥生式復元住居の遺跡は、春まだ浅き霊峰富士を内海に浮かべ、旅発つ若者たちの門出を心から祝福してくれる。この日公狸は、「己自身の卒業式」と、心に言い聞かせ式辞を述べた。四十年に一度の公狸の講話だと、式辞を語った。立志十五歳の卒業生が主役であり、その子らが聴いてくれれば一・二年生も聞いてくれる。四十歳の親も聞いてくれる、六十歳の来賓も聞いてくれる。難しそうな言葉を述べる時には、理解に難を示しそうな子の目を見て喋ってやれば、必ず反応を示してくれる。今発つ子供たちが、中学校時代は楽しかったと、心に刻んでくれれば、それでＯＫだ。

「佐久間川の清き流れは、勝山の浜辺に注ぎ」と、喋ったその時に、右の窓よりの席にいたやんちゃ坊主の卒業生が、ふりむいて川の方を覗こうとして向けた首を、公狸の方にむけちょこっと笑み返した。

「田子の浦の富士の高嶺の雪よりも清く発てよ」との、降壇の辞は、四十年の職去る公狸自身の、己の胸に語る言葉でもあった。

式が終わって約束通り、玄関前に立ちカラオケを流し《帰って来いよ》を唄いつつ、巣立つ彼らを送り出した。その公狸の歌声は風に乗り、街の人々の口の端をくすぐった。

公狸の結びの辞

「教師族とは舌三寸で禄を食む」と、言い当てた方がおられる。公狸の教職一生は、昭和二十八年四月、松山剛君・白石敏子さんの耳朶をくすぐるに始まり、平成五年三月、田村仁君に式辞草稿を強請《ねだ》られる措辞遊びの半生であった。時には真実があり、時には戯言があった。時には優しく、時には厳しく、時には暴言が交錯したはずだ。

今この稿を書き綴っているとそれらの一つひとつが、点々と、灯りては消え、消えては灯り、誰かの書にあった「夢幻の如く也」だ。公狸の半生にお付き合いくれた多くの方々。今、この書を手にほくそ笑んで下さる読者の方々。お礼の言葉を申し上げ、自叙伝上梓のお礼の言葉といたします。

尚、本書編集にあたり懇切・適切にご指導を賜りました郁朋社佐藤聡社長には、深甚なるお礼を申し上げます。

令和六年十月　謹言

【筆ついでに】

懐古　教職四十年

喜寿八十歳を迎えた年に同期退職校長で「回想記念誌」をとの声が上がった。編集・発刊の責を負った。その叙した序文が、教職四十年史に当るので転載します。

私たちは、昭和十四年にそれぞれの市町村の尋常小学校一年に入学した。三年生の十二月に大東亜戦争が始まった。それに先立ち十六年四月から国民学校令が施行されていたので、〇〇市町村立　国民学校初等科三年の時というのが正しい。

大戦の緒戦は優勢で、真珠湾攻撃で米太平洋艦隊を撃破、マレー沖海戦で英海軍の誇る戦艦プリンスオブウェールズを撃沈させるなど、米英太平洋海軍に壊滅的打撃を与えることが出来た。が、十七年六月のミッドウェー海戦の失敗を契機に、劣勢へと転落。でも、私たち小国民は、神国日本は必ず勝つと教えられ、かつ、信じていた。

サイパン島や硫黄島が米軍の手に落ちた頃から、本土空襲が激しくなった。都市部からの疎開が始まって、田舎の小学校へは、東京や横浜・千葉からの転入者が増え、どこの教室も一杯になった。学童の集団疎開というのも施策化され、群馬や栃木のお寺などへの、集団疎開の仲間もいた。

二十年三月には、義務教育六ヶ年を卒業し、それぞれ旧制中学校へ受験した。千五百メートルを走ることと、「将来の希望は兵隊さん」との答えが、合格の必須回答だった。

入学すると、勤労奉仕と教練で授業は全く無い。一学期の通信簿は頂けなかった。授業をやらないので、評定が出来なかったらしい。そして、八月十五日が敗戦の日。九月一日の始業式に行くのか行かないのか迷ったものだ。追っかけ教科書に墨を塗らされた。どんな語を塗ったのかは記憶にない。要するに、一夜明けて民主主義教育へと大転換なのだ。この時の先生方は、さぞかし戸惑いをされた事だと思う。しかし、私達には迷いも戸惑いもなかった。十二歳の幼稚な中学一年生なのだから。

そして、昭和二十二年四月に、占領政策による「６３制」の学制変革を迎える。

翌二十三年三月、新制中学校の第一期生として義務教育修了の卒業証書を手にした。私たちの同期年代は、義務教育終了という証明書を二枚持っていることになる。憲法で保障される義務教育を終え、社会人として働く事のできるチャンスが二度あったということだ。一回目は、十二歳の時の国民学校初等科六年卒業時点と、二回目は、十五歳の春の新制中学校卒業の時点とである。戦争と言う、戦勝国と言う化け物に翻弄されながら、義務教育を受けたということだ。

その後、それぞれの新制高等学校に編入学（転学受験も可）させられ、暗黒と貧困との内に、三年間の新制高等学校教育を受けた。更に高等教育を受けるべく新制大学や専門学校に進む者と、就職や家業に従事したりする者など、別々の道を選んだ。

初等教育の教壇に立つ資格取得は、新制高等学校及び旧制中等学校以上の履修が必要だ。教員免許の取得を要件とし採用試験に合格すれば、教師として教壇に立てた。筆者の場合、昭和二十八年四月が中学校教諭としてのスタートで、定年六十歳退職までの期間が四十年と、わかり易い経緯になるのでこれを追ってみる。それは、二十歳での初任就職が、成人として認められ選挙権を得た歳である。そして、共済掛け金や年金納付の開始年齢（法制化後年）ということが合致する事になる。

四月二十一日に初めて月給を貰った。額面七千百三十円で、手取りは六千円に届くか届かないか。何をどう引かれたのかさっぱり判らないが、税金とか恩給掛け金のようなものや組合費とか職員会費や旅行積み立てなどがあったような気がする。

ここで、書き留めておきたい事は、私達が教員として採用された時は、教員恩給制に拠って俸給を頂いたのだ。「月給は○○円の給付だが、十七年以上勤めれば、退職後、終身恩給を給付する」との雇用契約だ。年金制度の改革には、この契約を遵守する上での改革でなければ、到底、納得できない。

千教組とか日教組とかへの入会は、教頭さんだか事務さんだかが、一方的に進めてくれたのだが、それが当たり前だった。職員室の誰もが組合員で、職員会議の議件に組合のことを取り上げる事もあった。支部長さんは、どこかの校長さんだったし、部会長をはじめ主な役職の方は、皆、どこかの校長さんだった。

この、県教職員組合、郡支部、市支部という組合組織が、教職公務員の研修・研究の部門と、児童生徒の活動発表の部門とを統括して機能していた。生徒に競わせる全ての大会の企画・運営も、この組合支部や千教組でやっていた。部会の陸上競技会は、筆者の初任校—中学校が定番だった。それは、二百メートルのトラックのとれる校庭が他には無かった(新制中敷地の不充分)からだ。この大会と体操競技会は、組合の保健体育部の企画・運営で開かれた。ただ、この保健体育部と各学校の体育主任とが同じメンバーであり、かつ、ほとんどの者が、青年部員だった。

変わり種は、芸能発表会と朗読弁論大会だ。この二つを青年部が主催していた。芸能発表会とは、各小中学校で行われる学芸会の優秀番組を、部会への出品番組として出演させていた。大掛りな劇などになると、舞台装置の大道具をトラックで運び込む学校もあった。朗読弁論大会は、各校から選手が出て話術を競う。そして、部会から上位〇名が郡大会へ出場する。この郡大会も、支部青年部が主催・運営していた。

中学のスポーツ種目別大会も、各校の運動部の監督が集まって、組合支部の保健体育部の種目別専門部となり、組合主催・専門部運営で行われていた。そして、この系列が県の小中学校体育連盟へと繋がり、陸上競技大会をはじめ各種の県大会として開催され、支部から予選を経ての選手権者として出場した。

この他、組合員（教職員）自身の大会もあった。地区連合青年団主催の駅伝大会に、支部青年部チームが参加した。選手として走った人もいるし、私は自転車で伴走コーチをした。また、組合の種目別県大会もあった。野球は予選をやって、私は、初任の年の９月にレフト９番で出場した。２対６で負けた。要するに、単なる職場レクを組合の主要活動としていたのだ。大会はその年きりで消滅したが。

国民体育大会の競技種目に「教員の部」というのがある。それは、教員の競技能力が高く一般青年層などの参加意欲を殺ぐから、との特別措置に始まる。私も県民体育大会陸上競技の教員百メートルに出場して惨敗を喫したことがある。このことから、埼玉の市民マラソンランナー「川内優輝さん（埼玉県立春日部高校主事）」の健闘には、歴史的意味を覚え、人知れず特別な思いで応援をしている。

組合活動の思い出の一つは、千葉千代世、加瀬寛、糸久八重子、等の選挙運動を派手にやったことだ。また、地区労との共闘で賃上げ闘争にも加わった。強烈な印象として残っていることは、勤評闘争だ。授業が終り次第すぐのジーゼル車で、歯磨きを持って千葉の教育会館へ来いという指令を受けた。深夜「勤評を骨抜き条例にした」から、今夜は解散、終電に間に合うから帰ってくれ、と云う一幕は忘れられない。

「教え子を再び戦場に送るな」という婦人部の活動テーマに、当時は納得できたが、後年その言葉に疑問を抱くようになった。代議士を引退された千葉千代世さんに「先生は当時の子供に丈夫な兵隊さんになれと指導されたろうけど、糸久八重子議員は、私と同期だから小学生だったはず」と話したら、即座に「今の若い女性教師には、正しい気概がない。はっきり指導なさって下さい」と、共鳴して下さった。

ＰＴＡを学校運営の後援団体として抱え込むか、教育推進の圧力団体として育てるかが大きな岐路と云えた。教育委員会の公選制か任命制か、と並んで、学校現場がどう対応するかが問われた時である。私たちの年代層は、中堅教員層として、その命題解決の先兵層として苦慮・模索を強いられたものであった。

学校給食法が制定されたのは、昭和二十九年。脱脂粉乳の無償給与が田舎の学校に届いたのは、三十二年だった。そもそも脱脂粉乳とは、生鮮牛乳から脂肪分を抜いた無脂肪牛乳だ。酪農家は仔豚のエサに使っている。敗戦直後の食糧難の頃、戦勝国の米国から贈られ感激したものではあるが、仔豚のエサ＝アレルギーが頭をよぎり、意地でも飲めない。いや、子供達に「有難く、残さず飲め」とは、言えなかった。その後、ミルク飲料は国産牛乳に、コッペパンは揚げパンに代わり、米飯も自主流通米適用となった。今や学校給食で育った子供たちが親世代になっている。学校給食の有り方を考えなおそうとするなら、国家の社会機構を揺るがす大問題に発展せざるを得ない。

この、学校給食の完全実施運動と、高校全入運動という高学歴社会の生成要素に、ＰＴＡ連合組織の力が大きなかかわりを持っていたのである。

校長は管理職だから組合員の資格は無い、との見解で組合から抜けた。教頭が支部長になったが数年でその教頭も組合から抜けた。そして、校長、教頭を含めた、全教職員で組織する「教育研究会」を作った。要するに、教育研究部門と児童生徒の教育活動の発表部面の、組織系統の整理と充実振興を狙いとしたものである。形骸化したとは言え教員に勤務評定はある。教員の資質向上や教育研究の深化にかかる施策が、様々な形で令せられることは、当然の成り行きである。全国レベルで物議を醸した全国教育研究集会は、日教組主催で行われているものであるが、学究問題より教育問題が主な論争の種になっていた。私たちは部門別研究発表で、県代表として全国大会に提案できることを、目標として頑張ったものだった。遠隔開催地への出張旅行を陰の目的としながら。一方、教育会の研究活動は、益々充実の度を加えるようになる。

私たちの年代層は、教育現場・学校現場の各部門で、中核的位置を占め、その深化・充実に多大な貢献をしている。

方や、文部省や県教委の教育行政施策にも様々な変遷が見られる。教員資格の免許法の改正や管理職登用試験制度の始まりなどは、我々世代に大きな戸惑いと混乱を起こした。六三制施行直後の教員不足期に初級免許で教育界に入った面々に、上級免許取得が強要された。それに耐え切れず、止む無く教職を去った仲間も居たし、多忙な勤務の合間を縫って上級免許を取得した方も大勢居られた。また、長期研修制度が採られ、勤務校在籍のまま大学等に出向研修に赴いた者も多く居られた。更に、県内の児童生徒数と職員配置の関係で、いわゆる管外転勤という厳しい勤務態勢をとらされた者も数多くあった。加えて、管理職登用試験の受験資格に、2出張所管内勤務経験を必須条件とする手法が採られたので、遠隔勤務に拍車がかかった。この過密・過疎解消対策施策の煽りを喰ったのは、我々年代が最も多かった。
そんな中、六十歳定年退職が明文化され〈定年により退職〉との辞令になった。平成五年三月三十一日、その日が私たちのデスクにもやって来た。長かった四十年でもあり短かった四十年でもある。校長引き継ぎ書に自署し、角ばった職印を押印した時には、頬がちょっぴり緩んだし、目頭がちょっと潤んだような気もした。

平成25年12月3日発行　辛酉記より転載

保泉孟史のプロフィール

本　名　　保泉孟史　ほいずみ　たけし
生年月日　昭和７年（1932 年）12 月 24 日生まれ　92 歳
住　所　　安房郡鋸南町大帷子 279 番地
最終学歴
　千葉大学教育学部．卒　昭和 28 年（1953 年）
教 職 歴
　岩井町立岩井中学校．新任　　昭和 28 年（1953 年）
　富浦町立富浦中学校．転任　　昭和 39 年（1964 年）
　鋸南町立第二中学校．転任　　昭和 41 年（1966 年）
　袖ヶ浦町立長浦中学校．転任　昭和 51 年（1976 年）
　鋸南視聴覚センタ．事務局長　昭和 54 年（1979 年）
　館山市立第二中学校．教頭　　昭和 55 年（1982 年）
　三芳村立三芳中学校．教頭　　昭和 58 年（1985 年）
　富浦町立冨浦中学校．教頭　　昭和 61 年（1988 年）
　鴨川市立大山小学校．校長　　平成元年（2001 年）
　鋸南町立第二中学校．校長　　平成３年（2003 年）
　　同校を、定年にて退職す　　平成５年（2005 年）（通算 40 年）
議 員 歴
　鋸南町議会議員　　平成７年（2007 年）～平成 19 年（2017 年）
　　主な委員会　文教厚生常任委員会、産業土木常任委員会
　　　　　　　　環境審議特別委員会、消防防災特別委員会
　　広域特別審議会　千葉の教育を憂える千葉県議員連盟
主な役職（特筆のみ）
　千葉県中学校体育連盟野球部．会長
　千葉県鋸南地区小中学校校長会．会長
　退職公務員連盟安房支部．支部長
　千葉県鋸南町大帷子区．区長

受　賞　『瑞寶雙光賞《ずいほうそうこうしょう》』　教育・自治功労．高齢者叙勲
　　　　　令和３年１月１日、天皇の御名において、内閣府より、受賞

社教．ボランティア活動
　　・文化庁委託事業．伝統文化親子教室を請け「百人一首教室」を開き、
　　　地域の子供たちに百人一首を教える。
　　・町公民館サークル活動「見返り百趣塾」の塾長（９年目）
　　　文芸機関誌「見返りの詩」発行（１～９号）の編集に携わる

出版書籍　「文ちゃんの百人一首」
　　　　　「男女混合名簿が教育荒廃の元凶」
　　　　　「百人一首が語る天皇譲位．天皇退位の難しさ」
　　　　　「令和を言祝ぐ」（語源考）　現在．行状自叙伝執筆中
　　　　　「見返りの詩」１号～８号　公民館サークル誌．編集長
　　　　　「新かな・旧かな」　新かな使いの分かりやすい解説書
　　　　　「解り易い俳句入門教書」　俳句を始めようとする人の解説書
　　　　　「公狸先生の行状秘話」　本　書

公狸《タヌキ》先生《せんせい》の行状《ぎようじよう》秘話《ひわ》

2024年10月10日　第1刷発行

著　者 — 保泉《ほいずみ》　孟史《たけし》

発行者 — 佐藤　聡

発行所 — 株式会社 郁朋社《いくほうしや》

〒101-0061　東京都千代田区神田三崎町2-20-4
電　話　03（3234）8923（代表）
ＦＡＸ　03（3234）3948
振　替　00160-5-100328

印刷・製本 — 日本ハイコム株式会社

 ISBN978-4-87302-813-2 C0095